LE SORTILÈGE DU MYSTÈRE

ŒUVRES D'ALEXANDRA DAVID-NÉEL

DANS PRESSES POCKET :

MYSTIQUES ET MAGICIENS DU TIBET
LA PUISSANCE DU NÉANT
LE LAMA AUX CINQ SAGESSES
VOYAGE D'UNE PARISIENNE À LHASSA

ALEXANDRA DAVID-NEEL

LE SORTILÈGE DU MYSTÈRE

Faits étranges et gens bizarres
rencontrés au long
de mes routes d'Orient et d'Occident

PLON

ISBN : 2-266-01319-X

INTRODUCTION

LE rayonnement du leurre des « Iles fortunées » est toujours aussi puissant. L'extension de nos connaissances géographiques a éliminé le mythe des terres paradisiaques et nul n'en cherche plus les contours matériels à travers les océans, mais le désir d'atteindre le domaine mystérieux inaccessible au vulgaire, la poursuite anxieuse de révélations ésotériques n'ont point cessé de hanter le cerveau de nos contemporains.

De même qu'autrefois des pèlerins extasiés s'embarquaient sur de frêles esquifs et, absorbés dans leur rêve, voguaient vers l'horizon où la terre et le ciel se joignent, comme pour dérober aux regards le secret d'immensités infiniment lointaines, sans voir se lever la tempête menaçante, ainsi, de nos jours, des troupes d'hallucinés cheminent à la suite de grotesques charlatans ou pseudo-mages, pontifiant en oripeaux de carnaval, abusés par la promesse d'aborder, grâce à ces mystificateurs, aux rives d' « Iles fortunées » spirituelles.

Aussi pathétiques que leurs naïfs devanciers, la plupart de ces modernes amoureux de chimères sont promis eux aussi au naufrage.

Au cours de mes voyages, j'ai été amenée à faire de fréquentes incursions dans ce monde aux aspects multiples, tantôt invraisemblables et grotesques, tantôt infiniment pitoyables, des spirites, des apprentis occultistes, des adeptes de sectes secrètes et de pratiquants de rites funambulesques. Ce sont quelques-uns des « paysages humains », ainsi rencontrés, que je me propose d'esquisser dans le présent livre. Peut-être pourra-t-il amuser certains de mes lecteurs; et je souhaite qu'il puisse en éclairer d'autres, car la poursuite sincère et louable des hauts buts spirituels suit une route difficile, exposée à bien des erreurs.

I

UNE de mes amies, séjournant en Angleterre, m'avait envoyé une revue dont la couverture bleu pâle était ornée de dessins bizarres. Une lettre y était jointe. « Puisque tu t'intéresses aux questions religieuses », disait-elle, « tu pourras prendre plaisir à parcourir la *Gnose suprême,* organe d'une secte d'origine orientale, paraît-il. Mrs. Morgan, que tu as rencontrée chez moi, la connaît également. »

Quelques jours plus tard, profitant d'un après-midi ensoleillé, j'emportai la revue au Bois de la Cambre [1]. Assise sur un banc, face à la pelouse qui s'étend devant le restaurant « la Laiterie », je me mis à feuilleter la *Gnose suprême* et à lire, au hasard, des fragments d'articles.

La teneur de ceux-ci répondait au symbolisme énigmatique de la couverture illustrée. Leurs auteurs s'exprimaient dans un jargon particulier émaillé de termes empruntés au sanscrit et à d'autres idiomes exotiques que je n'identifiais pas. Ce doit être là, pensai-je, un mode d'expression « technique » de la secte, car je me rappelai que certains piétistes sont coutumiers d'un style spécial, que les railleurs dénomment « patois de Chanaan ».

D'autre part, si la langue dans laquelle s'exprimaient les collaborateurs de la *Gnose* semblait baroque, les

1. Le Bois de la Cambre, à Bruxelles. L'équivalent, pour les Bruxellois, du Bois de Boulogne pour les Parisiens.

doctrines qu'ils présentaient, voire même qu'ils développaient avec une assurance ultra-dogmatique, n'étaient pas moins étranges.

Il y a longtemps de cela, très longtemps, mais je revois le décor qui m'entourait alors aussi distinctement que si je venais de le quitter : le soleil filtrait à travers le feuillage et parsemait le gazon de taches alternées de lumière et d'ombre, moi, toute jeune, assise sur un banc, je parcourais la revue posée sur mes genoux, et je m'entends encore m'exclamer à mi-voix : « Ces gens-là sont fous! »

Qu'ils l'aient été ou non, le Destin les avait choisis pour jouer un rôle dans ma vie et pour m'introduire, en observatrice sympathisante mais lucide, dans cette cohue disparate des pèlerins qui voguent, sans boussole, sur l'océan périlleux des fantaisies et des songes.

Par la suite, mon amie quitta l'Angleterre et l'aimable Mrs. Morgan continua à m'envoyer non seulement la *Gnose suprême* mais d'autres spécimens d'une littérature analogue.

J'appris ainsi, également, qu'il existait d'assez nombreuses petites Églises de tendances similaires à celles de la « Gnose suprême » se targuant toutes de posséder la propriété exclusive de doctrines ésotériques dont la connaissance ouvrait aux initiés l'accès de sphères spirituelles insoupçonnées des multiples profanes.

Je discernai aussi que les fidèles de ces diverses Écoles étaient loin d'éprouver des sentiments de cordiale fraternité les uns envers les autres.

Je ne m'attardai d'ailleurs pas à la lecture des journaux et brochures que m'envoyait Mrs. Morgan. A cette époque, j'étais absorbée par l'étude de l'histoire et des doctrines des sectes gnostiques. Préoccupations pour le moins singulières chez une fillette. Ceux qui croient aux réincarnations successives d'une même entité spirituelle, d'un même *ego*, pourront imaginer qu'en ma petite personne revivait un vieux théologien qui, en punition de quelque faute, avait mérité la fâcheuse déchéance d'une réincarnation féminine.

En fait, un jour, j'ai présenté cette hypothèse en plaisantant à une charmante femme, membre du Grand Arcane, et j'ai eu la surprise de la lui voir admettre sérieusement. Il est vrai que mon interlocutrice affirmait, à son propre sujet, que la reine de Chypre s'était réincarnée en elle. De quelle reine de Chypre s'agissait-il? Son identité restait vague.

Il existe, d'ailleurs, maintes façons d'entendre l'idée de réincarnation et certaines d'entre elles sont parfaitement raisonnables.

Quoi qu'il en soit, de même que je suis née exploratrice et que, dès mon enfance, je me suis toujours continuellement échappée, anxieuse de découvrir ce qui existait au-delà des limites imposées à ma vue : la porte du jardin, le tournant de la route ou le mur formé par l'horizon, de même j'ai eu, tout enfant, la curiosité des croyances religieuses. Je ne doutais pas qu'elles ne fussent d'une importance indiscutablement primordiale. Il me fallait les inventorier, en trouver le sens, en discuter en moi-même le bien-fondé. Je ne m'abusais pas sur l'étendue ou la puissance de mes capacités intellectuelles tandis que je me livrais à ce singulier travail, mais j'étais déiste à ma manière et, pour démêler la vérité, je comptais absolument sur une révélation de Dieu devant qui – disais-je – sont égaux en importance et en insignifiance une fourmi et un éléphant, le plus grand des savants et une petite fille. La petite fille, naturellement, c'était moi. J'avais alors douze ans.

Douze ans... Dans le grand jardin d'un pensionnat, je discute avec une camarade de classe, presque une « grande » : quatorze ans.

« Comment comprends-tu la Trinité, les trois Personnes qui n'en font qu'une?

– *Ils* disent que c'est un mystère...

– Pas tellement un mystère puisqu'*ils* ont découvert qu'il y a trois personnes.

– Je crois qu'en Amérique il y a des gens qui disent

qu'il n'y a pas trois personnes, mais une seule [1] », avance la jeune fille de *Quatorze ans*, d'ailleurs pas très sûre de son fait.

« Eh bien! je vais te dire, reprend l'enfant de *Douze ans*, le même homme porte différents noms, suivant les différentes choses qu'il fait; il est un promeneur quand il se promène, il est un voyageur quand il voyage, un orateur s'il prononce un discours... tu vois?

« Le Verbe », dit *Douze ans*, « ce n'est certainement pas les verbes qui sont dans les livres de grammaire et que nous conjuguons.

– Non, certes, confirme *Quatorze ans* ramenée à la théologie, il est dit dans Saint-Jean : *the Word, la Parole.* »

Quatorze ans était américaine et lisait la Bible en anglais.

« *Au commencement était le Verbe*, déclame *Douze ans*. La sœur Marie-Hélène récite cela quand elle agite une petite sonnette du haut en bas de la maison, les jours d'orage. Elle dit que cela empêche la foudre de tomber. Crois-tu cela?

– Non. »

Douze ans s'obstinait dans son idée.

« Quand Dieu parle, il est le Verbe.

– Et le Saint-Esprit? interroge l'aînée.

– C'est quand Dieu pense...

– Possible », conclut *Quatorze ans* qui va rejoindre le groupe des plus grandes qui continuent à discuter de l'élégance et de la couleur de leurs robes.

Douze ans demeura seule, retournant dans sa tête le problème de la Trinité qui préoccupa Socin [2] et causa le martyre de Servet [3].

1. Les unitariens.

2. Socin : Lelio Sozzini (1525-1562), fondateur de la doctrine antitrinitaire.

3. Michel Servet, médecin et théologien qui fut brûlé comme hérétique à Genève en 1553. Les doctrines antitrinitaires sont professées de nos jours par les membres des Églises unitariennes.

De la chapelle proche, l'orgue répandait dans le jardin une harmonie de sons lents et graves : c'était l'heure de la messe quotidienne.

Dans ce pensionnat douillet et désuet, nous étions cinq « hérétiques », dispensées, suivant le désir de nos parents, de l'assistance aux offices religieux. Quatre d'entre nous, des étrangères, se trouvaient dans cet établissement pour apprendre le français et, quant à moi, des raisons d'un ordre plus matériel y motivaient ma présence.

Vers ma dixième année, j'avais subi une sorte de crise d'anémie légère qui avait cependant inquiété ma mère. Elle était d'origine nordique et, pour elle, les fillettes hollandaises ou scandinaves devaient obligatoirement avoir les joues rouges et rebondies, or les miennes pâlissaient.

« Sortez-la du pensionnat où elle se trouve isolée parmi de grandes jeunes filles plus âgées qu'elle, avait conseillé le médecin, mettez-la dans une maison où elle sera au milieu de nombreuses petites filles. L'émulation qui lui viendra en mangeant à leur table stimulera son appétit. C'est tout ce qu'il lui faut. »

Il avait raison, et nulle maison n'aurait pu être mieux choisie pour réaliser cette sorte de cure, que ce couvent du « Bois Fleuri » où l'on gavait consciencieusement les fillettes sept fois par jour de crainte que, selon l'expression belge, elles ne « se sentissent faibles ».

C'est ainsi que, d'un pensionnat protestant, j'étais passée dans un couvent.

La fréquentation de mes compagnes « hérétiques », deux Anglaises, une Américaine et une Allemande, m'y avait appris l'existence de doctrines différentes au sein du christianisme.

Ayant grandi en âge et en curiosité, je m'adonnai à l'étude de ces diverses doctrines. Aussi, lorsque je fis connaissance de la « Gnose suprême », diverses autres « gnoses » m'étaient-elles déjà devenues familières.

C'est ainsi que ces divers motifs m'amenèrent à Flessingue, non que j'eusse la moindre chose à faire dans cette bonne ville hollandaise, mais parce que je voulais m'y embarquer pour l'Angleterre et j'avais choisi ce port pour « allonger » mon voyage. Où que j'aille, j'ai toujours choisi les itinéraires les plus longs, car j'aime voyager, regarder le pays et, par conséquent, pourquoi ne pas faire durer ce plaisir le plus longtemps possible? Les « arrivées » me sont toujours pénibles, à moins qu'elles ne constituent qu'une simple halte, le prélude d'un nouveau départ... Donc, au lieu de la « ridicule » traversée d'une heure, de Calais à la côte anglaise, je m'offrais les sept heures de mer dont l'on « jouissait » à cette époque en partant de Flessingue.

Le bateau partant dans la matinée, je devais passer la nuit à Flessingue, et comme l'heure de me coucher ne me semblait pas encore venue, je me promenais le long des quais. Il ne faisait pas tout à fait nuit, les formes n'étaient encore qu'enveloppées d'un voile d'ombre qui allait s'épaissir progressivement. Seuls, de rares passants se hâtant vers leurs demeures surgissaient de temps à autre de l'obscurité pour s'y renfoncer l'instant suivant. Une paix ineffable s'était répandue en moi, je me sentais merveilleusement seule. De tous ceux qui me connaissent, pensais-je, aucun ne sait que je suis ici, sur ce quai, en Hollande, et si je mourais à ce moment, personne ne saurait qui je suis. Cette solitude, que j'imaginais absolue, répandait en moi des vagues de félicité. Les transports les plus exaltés des mystiques peuvent-ils égaler cet état de calme infini dans lequel toute agitation physique ou mentale a disparu et où la vie coule sans heurts, sans se fragmenter en sensations ou en idées, sans autre goût que celui de l'existence?

Cependant, le lendemain, sur le pont du bateau, le visage fouetté par le vent âpre et vivifiant de la mer du Nord, l'activité de mon esprit se réveilla, et je m'amusais déjà à imaginer les conjectures qui m'attendaient, car j'allais maintenant prendre contact avec la folle gent des adeptes de la « Gnose suprême ».

Ayant décidé un voyage aux Indes, je jugeais bon de m'y préparer par une connaissance courante et très complète de la langue anglaise que je ne possédais pas encore parfaitement. Un séjour en Angleterre s'imposait donc.

La tout aimable Mrs. Morgan, avertie de mes intentions, m'avait informée que ses amis de la « Gnose suprême » possédaient à Londres une sorte de club à l'usage des membres de leur société. Le club comprenait, outre des salles de réunion, de conférences et de bibliothèque, des chambres réservées aux membres de la Société. Ils pouvaient prendre s'ils le désiraient leurs repas sur place, le prix de la pension était modique.

Mrs. Morgan s'offrit comme marraine. Pour se faire admettre dans cette Société, il suffisait d'adhérer à son but : la formation d'une confraternité de personnes s'adonnant à l'étude des différentes religions et philosophies, plus spécialement celles de l'Orient. But excellent et auquel je pouvais souscrire sans réserve. Mrs. Morgan transmit ma cotisation et sollicita pour moi la faveur d'occuper une des chambres du club. Il s'en trouvait précisément deux de libres. L'une d'elles me fut attribuée et l'on m'informa que je pourrais m'y installer dès mon arrivée.

Il faisait nuit quand je descendis du train à la gare de Victoria. Me méfiant de ma prononciation anglaise, j'avais inscrit l'adresse du club sur un bout de papier, avec l'intention de la donner à un cocher pour qu'il me conduise à bon port. Mais je n'avais pas fait trois pas sur le quai, mon morceau de papier à la main, qu'un grand jeune homme s'avança vers moi.

« Vous êtes mademoiselle David? me dit-il. Je vais m'occuper de vos bagages et vous conduirai tout de suite chez nos amis. Mrs. Morgan vous prie de l'excuser, elle habite assez loin d'ici et n'a pu venir vous attendre à une heure aussi tardive. Vous la verrez demain. »

Je le remerciai, enchantée d'échapper aux difficultés

que m'aurait sans doute values ma connaissance très rudimentaire de l'anglais.

Le jeune homme s'était nommé : Mr. Ward.

Je l'ai revu plusieurs fois par la suite et, de loin, j'ai été témoin de sa lente et triste déchéance.

James Ward, ainsi que je l'appris par la suite, sortait d'Oxford, c'était un homme cultivé, d'une famille aisée. Pour son malheur, il avait rencontré l'un des hauts pontifes de la « Gnose suprême », et subi son ascendant au point de renoncer à une honorable carrière universitaire pour se consacrer complètement à des recherches d'ordre occulte. Il édita successivement plusieurs revues, d'abord pour le compte de la Société de la « Gnose suprême », puis indépendamment d'elle, car ses convictions s'étaient écartées des opinions tenues pour orthodoxes et intangibles dans les sphères directrices de la Société.

Ce qu'il pouvait avoir de fortune personnelle s'évapora au cours de ses entreprises. Lorsque, bien des années plus tard, je le revis pour la dernière fois à Londres, il m'apparut comme une sorte d'épave, physiquement détruit par l'alcoolisme et la drogue et, d'après l'aspect de ses vêtements, dans une situation proche de la misère. J'appris qu'il avait organisé une sorte d'École de connaissances occultes qui réunissait deux ou trois douzaines de vieilles dames. Celles-ci devaient payer un droit d'inscription pour être admises à son cours. Plus d'une négligeait d'acquitter son dû et l'on pouvait voir, à l'issue de ses conférences, l'instructeur descendre de son estrade et, la main tendue, rappeler leur omission aux auditrices oublieuses.

Mais, lors de notre rencontre à Victoria Station, son triste avenir était encore profondément dissimulé derrière le mur impénétrable des jours futurs, et c'est en compagnie d'un charmant garçon, aimable et alerte, que j'arrivai en voiture au club de la « Gnose suprême ».

Dans l'obscurité, je ne pus me rendre compte de l'aspect extérieur de la maison. Je discernai seulement le jardin qui l'entourait. Une dame, âgée environ d'une quarantaine d'années, m'accueillit aimablement. Elle était grande, vêtue d'une ample robe grise, floue et à larges manches, sur laquelle se détachaient plusieurs ornements : broches ou médailles qui pouvaient être des insignes. Mr. Ward me la nomma : Mrs. Grant, vice-présidente de la Société. Je la remerciai de l'honneur qu'elle me faisait en m'accueillant elle-même. Mrs. Grant me répondit par un sourire. Elle souhaita le bonsoir à Ward qui se retira, et m'invita à la suivre vers la chambre qui m'était destinée.

« Vous êtes sans doute fatiguée, me dit-elle, vous ne tarderez pas à vous coucher, cependant, si vous avez faim, la femme de chambre a placé un en-cas sur votre table. Je vous souhaite une bonne nuit. Le déjeuner, demain matin, est à 8 heures. »

Un sourire encore, et elle disparut.

J'étais dans l'antre de la « Gnose suprême », passablement ébahie de m'y trouver.

Dès mon arrivée dans la chambre, mon attention avait été attirée par deux ouvertures, de la dimension de larges et hautes portes-fenêtres, toutes deux masquées par un store noir tiré de façon à constituer un panneau aussi uni qu'aurait pu l'être une surface de bois poli enduit de laque noire.

Panneaux ou stores, ces grandes taches sombres ressortant sur la blancheur du mur présentaient un aspect insolite, vaguement inquiétant. J'avais vu quelque chose d'analogue chez les carmélites. Leur chapelle toute blanche était ouverte aux pieux visiteurs qui souhaitaient aller s'y recueillir. La gouvernante qui régissait la maison de mes parents s'y rendait fréquemment et, pendant mes vacances, elle m'y avait amenée plusieurs fois. Au fond de cette chapelle, de chaque côté de l'autel, une haute grille doublée d'un rideau noir séparait la partie de la chapelle ouverte au public de celle réservée aux religieuses cloîtrées.

Déjà encline à la méditation, j'avais plus d'une fois rêvé devant le mystère de ces grandes trouées barrées de grilles et d'impénétrable nuit. La gouvernante avait fini par prendre le voile dans ce couvent et j'allais l'y voir de temps en temps. Il arriva même, un jour, que la Supérieure de la communauté, attendrie sans doute par mon jeune âge, me fit franchir la « clôture » pour me donner à goûter et s'amuser de mon babillage de fillette. La femme de chambre qui m'accompagnait ne fut pas invitée à me suivre, des sœurs converses la régalèrent à part.

Mon incursion derrière le mystère troublant des grilles et des voiles funèbres me laissa très désillusionnée. L'envers de cette frontière d'ombre, vu de la chapelle des religieuses, n'avait plus rien d'hallucinant. Il ne montrait que de vulgaires draps de coton très grands, mais identiques à ceux que l'on suspend dans les vestiaires afin de préserver les vêtements de la poussière et du trop grand jour.

Les carmélites ne ressemblaient point, non plus, à l'idée que je m'étais faite d'elles d'après les vierges aux attitudes hiératiques qui m'étaient apparues parmi des parterres de lis, sur les vitraux des vieilles cathédrales. Mes hôtesses ne différaient point de leurs compatriotes laïques, bonnes Flamandes aux joues roses, dont les formes dodues soulevaient le scapulaire de bure et, dans leur jardin compagnard, au lieu de lis, croissaient des choux.

Le mystère ne doit pas être approché, si l'on veut que son sortilège subsiste.

Je ralentis mes visites à mon ancienne gouvernante et je n'entrai jamais plus dans la chapelle contempler les grilles endeuillées.

Depuis cette époque, j'étais devenue une « grande personne ». Les ouvertures voilées de noir qui rompaient l'uniformité de l'un des murs de ma chambre ne m'inspiraient aucun des sentiments éprouvés autrefois chez les carmélites. Elles excitaient seulement ma curiosité. Que dissimulaient ces rideaux? Mon premier mouvement fut de chercher à les écarter. Je n'y réussis pas; ils étaient faits d'une sorte de toile raide et n'étaient point dotés d'anneaux glissant sur une tringle comme ceux des bonnes gens non initiés à la *gnose,* que j'avais fréquentés jusque-là. Je tentai alors de soulever du bout du doigt un coin de l'étoffe qui semblait adhérer au mur. Par l'étroit écartement ainsi obtenu, on aurait dû pouvoir jeter un regard au-delà du rideau, mais mes yeux ne rencontrèrent que ténèbres.

Cet incident ridicule n'avait pas supprimé ma curiosité; des idées fantastiques me venaient. Quelles imaginations baroques pouvaient germer dans les cerveaux des collaborateurs de la revue de la *Gnose suprême!*

J'avais lu qu'au Moyen Age, dans certaines sociétés secrètes, les candidats à l'admission étaient soumis à des épreuves singulières au cours desquelles on tentait de les effrayer par les moyens les plus extravagants. Est-ce que, par hasard, mes hôtes n'auraient pas l'habitude d'en user de même envers ceux qui sollicitent leur hospitalité?... Ces panneaux sombres, derrière lesquels je n'avais pu discerner que du noir, n'allaient-ils pas, dès que je serais couchée, donner passage à quelque procession carnavalesque de fantômes? Cette supposition me semblait ridicule. Pourtant, il faut s'attendre à tout dans certains milieux. Mais je ne m'en coucherais pas moins, j'étais fatiguée et le « déjeuner annoncé pour 8 heures » ne permettait pas de m'attarder au lit. Par précaution, je garderai à portée de ma main une lampe électrique et si un fantôme s'avisait d'entrer dans ma chambre, je braquerai ma lumière sur lui en riant aux éclats.

Ma chambre était vaste, son mobilier consistait en un lit étroit, une armoire, une table à écrire, une coiffeuse, deux chaises et un fauteuil.

Le problème des rideaux noirs se trouvant provisoirement écarté, mon attention restait sollicitée par un grand tableau d'une tonalité bleu pâle accroché au-dessus du lit. J'en distinguais mal le sujet qui se devinait à travers une brume blanche ou un liquide translucide... Peut-être était-ce un paysage sous-marin. Quelques coquillages aux formes bizarres, des actinies et des astéries stylisées dans l'esprit de l'artiste – il s'agissait peut-être de lotus – reposaient sur un sol sablonneux. Un examen plus prolongé permettait de discerner des personnages : vêtus de longues draperies traînantes, leurs ailes les désignaient comme des anges. Ils étaient trois : deux d'entre eux se tenaient courbés dans l'attitude de gens cueillant des fleurs. Voulaient-ils composer des bouquets empruntés à la flore des profondeurs océaniques?... Il s'agissait, sans doute, d'un symbole dont il fallait pénétrer le sens. Tout devait avoir un sens dans ce tabernacle d'une « Gnose suprême ».

Mais le mystère des rideaux noirs avait, pour le moment, épuisé mes possibilités de curiosité. Je ne cherchai pas à déchiffrer le rébus du tableau, je me couchai et m'endormis aussitôt.

Une femme de chambre m'éveilla à 7 heures du matin avec une tasse de thé et un biscuit. Faisant jouer un mécanisme que je n'avais pas aperçu la veille, elle remonta les rideaux mystérieux et découvrit deux portes-fenêtres donnant sur un jardin ombragé. La hauteur excessive de ces fenêtres venait de ce qu'elles étaient surmontées d'une imposte vitrée, et les ténèbres entrevues par le minime écartement que mon doigt avait provoqué entre le rideau et la boiserie étaient celles qui régnaient dans le jardin. Il n'y avait là aucune diablerie.

Fus-je déçue? – Je n'eus pas le temps de me le demander. La servante me répéta que le *breakfast* serait servi à 8 heures, et, d'un geste, elle m'invita à la suivre hors de la chambre. Sur le seuil elle m'indiqua une porte ouvrant sur un corridor en me disant : *bathroom* [1]. Je compris que je partagerais celle-ci avec une dame, ma voisine de chambre. Une carte fixée à la porte de la salle de bains indiquait : 6 h 30 Miss Holmwood, 7 h Miss David.

1. Salle de bains.

A 8 heures précises un gong appela les hôtes à la salle à manger. Nous étions une dizaine. La vice-présidente entrevue la veille m'indiqua une place à la table commune et m'informa que chacun devait se munir d'un petit plateau et se servir à un buffet sur lequel étaient disposés les différents mets composant le déjeuner.

Le maigre souper de la nuit précédente n'avait pas satisfait ma faim, je me servis copieusement et gagnai ma place. C'est quand j'eus déposé devant moi le plateau chargé des assiettes que j'avais remplies que je remarquai l'attention dont j'étais l'objet. Je faisais l'effet d'un ogre abominable parmi une assemblée de candidats à l'état éthéré de pur esprit.

Par la suite, il me fut dit que la présidente de la Société, pour le moment en voyage, se nourrissait d'une douzaine d'amandes par jour, parfois de deux oranges. J'inclinai à douter de ce prodige comme aussi de l'anormale sobriété de mes commensaux. Quelles réserves alimentaires cachaient-ils dans le secret de leurs chambres... L'aspect physique de la plupart d'entre eux ne décelait aucun jeûne.

Ce qui rendait la vie agréable au club de la « Gnose suprême », c'était la parfaite urbanité de ses membres et leur extrême discrétion. On sortait, on entrait, on demeurait dans sa chambre ou l'on s'installait à la bibliothèque sans que nul s'informât jamais de vos motifs. La maison était silencieuse, ses habitants y circulaient à pas feutrés, l'air absorbé par de profondes pensées.

La bibliothèque me ravissait. Elle était importante et contenait de nombreuses traductions d'ouvrages philosophiques et religieux de l'Inde et de la Chine. J'avais peine à m'arracher à leur lecture. Une autre section de la bibliothèque comprenait les œuvres des « Instructeurs » de la secte et celles d'anciens auteurs traitant de métaphysique, de philosophie, d'astrologie, d'alchimie, etc. C'était dans cette dernière section que puisaient principalement les pensionnaires du club et nombre de ses membres, qui n'habitaient pas la maison, mais y venaient fréquemment.

Il me paraissait que ceux qui seraient venus au club en quête de phénomènes supranormaux auraient été déçus. Peut-être y étais-je depuis trop peu de temps pour être suffisamment renseignée sur ce point. En tout cas, journées et soirées s'écoulaient calmement. Dans la bibliothèque, des hommes et des femmes lisaient et prenaient des notes en silence, tout en fumant sans arrêt.

La salle était remplie d'une fumée bleuâtre qui, chassée par le courant d'air provenant soit de la porte, soit des allées et venues des lecteurs, tournoyait en lentes volutes d'un bout à l'autre de la longue pièce.

Des bâtonnets d'encens, brûlant sur une étagère, mêlaient leur parfum exotique à l'odeur des tabacs blonds d'Orient – les sectateurs de la « Gnose suprême » n'usaient que de cigarettes turques ou égyptiennes – et l'atmosphère due à ce mélange devenait presque asphyxiante.

Chaque après-midi, je sortais avec une jeune fille que j'avais engagée pour m'exercer à parler anglais et, tous les soirs, je me retrouvais, un livre entre les mains, dans la bibliothèque captivante.

J'habitais au club de la « Gnose suprême » depuis un peu plus d'un mois lorsque, un jour, la vice-présidente de la Société s'arrêta devant moi après le déjeuner.

« J'ai une nouvelle à vous annoncer, me dit-elle. Nous avons parmi les nôtres un de vos compatriotes, un artiste. Il est allé peindre en Écosse, mais il revient ce soir. Vous le verrez demain matin.

– Je serai heureuse de faire sa connaissance, répondis-je. »

Que peut faire un peintre et surtout un Français, à la « Gnose suprême »? me demandais-je, et quel genre de peinture peut être la sienne? Sans doute des anges cueillant des coquillages comme ceux que je contemple chaque soir couchée dans mon lit. Je supposai que ce peintre devait être un vieux monsieur maniaque et un peu toqué.

Mes pronostics se révélèrent faux. Le lendemain matin, au moment où j'entrai dans la salle à manger, la vice-présidente conduisit vers moi un jeune homme d'allure élégante et me le présenta.

« Monsieur Jacques Villemain, artiste parisien », dit-elle.

Dès ses premières phrases, je saisis que mon compatriote était ce qu'il est convenu d'appeler un « fils de bonne famille » et semblait avoir reçu une éducation parfaite. Comme nous nous trouvions assez éloignés l'un de l'autre à table, nous convînmes d'aller causer dans la galerie, après le déjeuner. Cette pièce était un long passage vitré qui longeait tout un côté du bâtiment et servait de salle de réunion, car les conversations étaient interdites à la bibliothèque.

M. Villemain m'apprit qu'il était paysagiste et élève de l'École des beaux-arts. Il entama une dissertation sur la façon de présenter les paysages, sur la façon de les voir ou, plutôt, de les saisir dans leur réalité intime et secrète, qui n'est pas du tout celle que le vulgaire aperçoit.

Incompétente en matière de peinture, je m'intéressai bien plus à la personnalité de mon interlocuteur qu'à ses toiles. Il n'avait rien du rapin traditionnel, et donnait l'impression d'être un « gentleman » dans toute la rigueur du terme anglais. On l'imaginait difficilement participant aux folles extravagances du Bal des Quat'zarts, que je ne connaissais, bien entendu, que par ouï-dire.

Je l'observai pendant les jours qui suivirent. Il avait l'air méditatif, singulièrement absorbé et ressemblait certainement de moins en moins à un jeune artiste parisien. Son attitude pensive et recueillie eût plutôt donné à croire qu'il se préparait à entrer chez les carmes ou chez les chartreux.

Je le questionnai timidement sur sa religion.

Était-il catholique?

« Non, me répondit-il en raillant, leur mysticisme n'est qu'une sentimentalité pleurnicharde, toute de surface : le « don des larmes ».

« Et leur art! continua-t-il. Ces poupées qu'ils juchent sur leurs autels!... Comparez-leur les Primitifs de nos musées. Ces toiles respirent la foi, la spiritualité, mais l'imagerie dévote actuelle!... Je me représente bien Jésus comme un prophète, un illuminé vêtu de hardes poussiéreuses, parcourant les routes de Galilée, mais leur Jésus en robe traînante, blanche, immaculée, artistement coiffé de boucles longues comme une élégante du règne de Louis-Philippe!... – ils n'ont rien compris!

« Jésus vivait dans un rêve... disait des choses folles, contraires à toute évidence; Dieu ne « nourrit » pas les oiseaux, beaucoup meurent de froid et de faim en hiver... beaucoup d'hommes aussi. Et ce ne sont pas les « doux qui conquièrent la terre », ce sont les violents...

– Le Ciel aussi, paraît-il, murmurai-je. Et je citai : *Le royaume des Cieux est forcé et ce sont les violents qui s'en emparent* [1].

– C'est une citation?, demanda le jeune peintre, de qui?

– C'est dans l'Évangile de saint Matthieu.

– Ah! Vous lisez la Bible. Vous êtes protestante?

– De souche huguenote. »

Mon interlocuteur n'insista pas. Il poursuivait son idée.

« Qu'importe, dit-il, s'il se trompait. (Il parlait de Jésus.) Il vivait dans un rêve, mais il était grand... Ils l'ont trahi... Qu'en pensez-vous? me demanda-t-il.

– Il en est toujours ainsi, répondis-je. Tous les Maîtres ont été trahis par leurs soi-disant disciples; faute de pouvoir s'élever à la hauteur du Maître, ils l'ont fait descendre à leur niveau.

– Savez-vous, dit le peintre, qu'il y a ici à Londres des gens qui prétendent communiquer directement avec Jésus et recevoir ses directives?

– Des spirites?

1. Matthieu XI, 12.

– Peut-être pas exactement : j'en ai seulement entendu parler, mais nous pourrions nous renseigner si cela vous intéresse.

– C'est à voir. »

Pour le moment, je souhaitais seulement voir ce que peignait ce Parisien, élève de l'École des beaux-arts, qui discernait, dans les paysages, des aspects qui échappaient aux facultés visuelles du commun des mortels.

Il me montrerait volontiers quelques toiles, me dit-il. Accepterais-je d'aller les voir dans sa chambre cet après-midi? Il ne désirait pas les amener dans la galerie, désirant leur épargner l'examen et les critiques des autres hôtes de la maison.

Les coutumes anglaises permettaient-elles à une jeune fille d'entrer dans la chambre d'un jeune homme? Je n'étais pas suffisamment renseignée sur ce point et ne voulais choquer personne.

M. Villemain me rassura. Les adeptes de la « Gnose suprême » avaient une grande largeur d'idées, ils tenaient pour absurdes les conventions mondaines et leur esprit était pur, ainsi qu'il convenait à des occultistes. « D'ailleurs, conclut-il, nous pourrons laisser la porte ouverte. » Un autre garçon de son âge aurait peut-être souri en prononçant ces derniers mots, mais Villemain demeura impassible, visiblement aucune idée frivole n'était venue l'effleurer. Son esprit était celui du parfait occultiste.

Mon manque de compétence en peinture ne me permettait pas de juger la technique de mon compatriote. Ses toiles me plurent tout simplement, par un certain charme très prenant. Je m'efforçai de distinguer si quelques traits révélaient ce que l'artiste apercevait sous les lignes et les couleurs; peu à peu, il me semblait discerner des formes émanant des formes. Derrière le dessin de tel arbre ou de telles de ses branches, transparaissait une réalité sous-jacente, ou plus exactement concomitante. L'arbre était homme ou animal, il souriait insidieusement ou ricanait avec malice. Et ainsi en était-il de tous les éléments du paysage : ruisseaux, fleurs, rocs, montagnes, tous manifestaient une terrifiante dualité de vie [1].

Une des toiles capta particulièrement mon attention. Elle représentait une vaste lande couverte de bruyère, dont l'extrémité atteignait la rive d'un lac, puis disparaissait ensuite, voilée par une brume légère d'où émergeait, dans le lointain, un pic mauve couronné de neige.

Il me semblait que l'artiste avait peuplé ses bruyères de formes menues indistinctes, qui étaient bien des brins de bruyère et, en même temps, *autre chose* que ces simples brins. Et je m'absorbai dans mon examen, m'avançant en pensée sur la lande pour examiner, toucher...

Tout à coup, le tableau disparut. D'un geste prompt, Villemain l'avait enlevé et retourné.

« Prenez garde, me dit-il, vous alliez entrer.

– Entrer dans quoi?

1. Bien des années plus tard, j'ai vu quelque chose d'analogue à Calcutta où l'on avait organisé une exposition de dessins et de peintures, œuvres de Rabindranath Tagore. Peu de gens se doutent que le célèbre poète se doublait d'un artiste. Le mérite proprement artistique des nombreuses toiles figurant dans cette exposition devait être accessoire, ce qui retenait l'attention était leur caractère occulte, les visions de cauchemar qu'elles présentaient. Tagore y avait montré comme des personnalités animées d'une vie propre tous les objets que nous tenons pour inanimés. Tous, il les avait doués de conscience, de volonté et de quelle hostilité diabolique envers les humains!... Deux maisons se faisant vis-à-vis dans une rue étroite et tortueuse, manifestaient le désir de se rapprocher pour écraser entre elles un passant solitaire, un réverbère proche ricanait, guettant le drame qui s'annonçait. Ailleurs, c'étaient des arbres dont les branches tordues s'étiraient comme des tentacules de pieuvre vers un couple se reposant à leur pied, inconscient du danger qu'il courait. J'ai particulièrement le souvenir d'un fauteuil dont le haut dossier et les bras attendaient – avec quelle expression de haine – celui qui s'y assiérait. Quel supplice lui réservait l'ornement sculpté qui surmontait le dossier?... Tagore n'avait pas cru devoir lui attribuer, même à peine esquissés, des traits humains ou animaux, pourtant il imposait l'impression d'une tête aux aguets. Il en était de même des autres parties du meuble; les bras étaient bien des bras de fauteuil mais incurvés de telle façon qu'on les devinait prêts à saisir et à emprisonner l'imprudent assis entre eux. Sur toutes les toiles exposées, la nature végétale ou minérale, tout ce qui, dans notre entourage, nous semble inerte, avait été doué d'une vie intérieure intense, tout entière animée de haine pour l'humanité. Qu'avait pu percevoir ce voyant?...

– Dans le paysage; c'est dangereux.

– Nous reparlerons de cela un autre jour. Descendons à la galerie, c'est l'heure du thé, nous en prendrons une tasse avec des toasts. »

J'aurais voulu lui demander ce qu'il entendait par « entrer dans un paysage » peint sur une toile, mais il me paraissait peu disposé à poursuivre la conversation dans ce sens et je me sentais incroyablement fatiguée. Décidément, il était malsain de regarder de trop près les œuvres des peintres adeptes de la « Gnose suprême », fussent-ils seulement des occultistes en herbe.

Plusieurs jours se passèrent sans que Villemain reparaisse à table. Était-il parti? J'hésitais à m'en informer car, ainsi que je l'ai déjà indiqué, les membres du club s'abstenaient strictement de toute curiosité à l'égard de leurs commensaux. Pourtant, au cours d'une conversation avec ma voisine de chambre, la vieille Miss Holmwood, je hasardai une question :

« Mon compatriote M. Villemain, le peintre, nous a-t-il quittés? On ne le voit plus.

– Il est en retraite, me répondit Miss Holmwood. »

En retraite. Ce terme évoquait le couvent où j'avais été pensionnaire. Les religieuses, aussi, y faisaient des « retraites », mais quel était le sens de ce mot à la « Gnose suprême »?

« Il est *probationer* », ajouta mon interlocutrice, en manière d'explication.

Je ne comprenais pas davantage l'explication. *Probationer* est un mot anglais signifiant candidat, novice, soumis à des épreuves destinées à faire connaître ses aptitudes, ses capacités, ses dispositions, etc., en vue d'une admission à une fonction, ou dans une société, une congrégation. Son sens appliqué à Villemain m'échappait; toutefois, je crus habile de dissimuler mon ignorance afin de me faire mieux renseigner.

« Hum! Hum! je vois, me contentai-je de dire.

– Il va être admis dans le Cénacle secret, me confia

Miss Holmwood, à voix basse en prenant un air de mystère.

– Ah! ah! fis-je encore.

– Il est suffisamment avancé pour recevoir l'enseignement du 1er degré. Il travaillera sous la direction d'un disciple immédiat d'un de nos Instructeurs », continua la vieille demoiselle.

Je tentai d'amener la conversation sur les tableaux que Villemain m'avait montrés.

« Notre ami affirme que dans ses paysages, sous la forme apparente d'objets naturels, il discerne d'autres lignes, des formes subtiles imperceptibles à la majorité des hommes.

– Oui, c'est bien cela, confirma Miss Holmwood. Dès que nos yeux spirituels commencent à s'ouvrir, ils nous révèlent cet aspect des choses. »

Je m'enhardis à poursuivre.

« Miss Holmwood, en examinant les toiles de Villemain, j'ai découvert qu'il mêlait de vagues figures humaines ou animales aux arbres et aux rochers de sa peinture. Croyez-vous qu'il les voit vraiment? – S'il croit aux génies, aux fées, aux « esprits » des arbres, des rochers et des sources, pourquoi les imagine-t-il d'une manière anthropomorphique? L'« esprit » d'un arbre n'a pas nécessairement une forme animale ou humaine, il peut être d'une autre essence inimaginable pour nous : il peut être l'arbre lui-même.

– Ce que vous dites est exact si vous songez aux déités mythologiques que les païens associaient autrefois à la nature. En effet, pourquoi les hamadryades ou les naïades ressemblaient-elles à des êtres féminins? Mais il ne s'agit pas de cela. Toute existence humaine, animale, végétale ou même minérale a un double astral que perçoivent seuls les initiés. Mais ce double, fait de matière subtile, bien que plus particulièrement moulé sur les formes de l'objet matériel auquel il est attaché, est apte à être modelé, par l'action des pensées qui s'attachent à lui. La substance existe, mais l'observateur qui la contemple la voit sous une forme soit différente, soit déformée par la force même de sa pensée. M. Villemain sera instruit de maintes choses au Cénacle, ajouta Miss Holmwood, d'un ton de ferme certitude. Et, ce disant, elle me quitta avec un sourire vaguement condescendant.

Je ne savais toujours pas ce que représentait, pour les adeptes de la « Gnose suprême », le phénomène de l'entrée dans un tableau.

Plusieurs mois s'écoulèrent, je voyais de temps en temps Mrs. Morgan qui était à l'origine de mes relations avec les membres de la « Gnose suprême ». Elle habitait une « banlieue » assez lointaine et ne venait que rarement à notre club. Elle appartenait d'ailleurs à plusieurs autres sociétés, associations ou groupes, et si je l'avais écoutée – ou si j'avais cédé à ma curiosité – j'aurais passé tout mon temps à visiter des chapelles abritant des rites singuliers, des cercles spirites, des loges où se dispensaient le sens secret de la *Kabbale,* les doctrines ésotériques de Jésus, de Moïse et du Bouddha, les enseignements initiatiques égyptiens et tibétains, et maintes autres admirables et abstruses connaissances. Mais je n'étais pas à Londres pour me livrer à des enquêtes absorbantes sur ceux qui cheminent en marge des chemins ordinaires de la science et de la philosophie, ces pèlerins qui voguent vers les « Iles fortunées ». Mon but était de me perfectionner dans la pratique de la langue anglaise, que je désirais parler et écrire couramment. Je fréquentais aussi, assidûment, la bibliothèque du British Museum, où je poursuivais l'étude des philosophies indiennes. Néanmoins, Mrs. Morgan me fit rencontrer différentes personnes appartenant à l'une ou à l'autre de ces diverses organisations et, notamment, des membres de la Société théosophique dont le siège était à Londres et le centre aux Indes. J'étais loin de partager toutes leurs croyances, mais je me liai d'amitié avec nombre d'adeptes de cette Société et, par la suite, fis de nombreux séjours chez les uns et les autres. Je repris toujours avec plaisir, chaque fois que les circonstances me le permirent, ces amicales relations malheureusement interrompues par mes voyages prolongés au cœur du Tibet ou dans les régions écartées de la Chine.

La Société théosophique proposait un enseignement que ses fondateurs disaient tenir de mystérieux personnages habitant les Himalayas ou le Tibet, mais elle n'exigeait de ses membres aucune adhésion; elle ne visait, ouvertement, qu'à réunir, par des liens confraternels, des hommes et des femmes s'intéressant plus ou moins directement aux philosophies orientales. Que cet excellent programme ait toujours été strictement suivi, voilà ce que je n'oserais affirmer. Les doctrines orientales ont toujours attiré un nombreux public d'ignorants en quête de miracles saugrenus et déséquilibrés ou extravagants n'ont pas manqué d'émailler les annales de la Société d'incidents pittoresques.

Cependant, comme j'envisageais de quitter Londres sous peu, je m'en tenais provisoirement au club de la « Gnose suprême » où les prodiges, s'il s'en produisait, devaient être rares, car il ne m'avait pas encore été donné d'en voir.

Pourtant, un soir, tandis que les hôtes studieux du club lisaient en silence, comme d'habitude, dans la bibliothèque, il « arriva quelque chose ». La porte s'ouvrit donnant passage à l'un des nôtres. Celui-ci referma doucement la porte, alla prendre un livre et s'assit sur un sofa placé près d'un lampadaire.

Il venait à peine de s'y poser qu'un des lecteurs qui avait dû le suivre du regard poussa un cri. Cri de surprise, presque d'effroi.

« Learner!...

– Qu'y a-t-il? », demanda l'interpellé.

Ce bref colloque rompant brutalement le silence avait éveillé l'attention. Tous, nous regardions Learner et celui qui l'avait apostrophé, mais avant que ce dernier ait pu répondre à la demande de Learner, un autre lecteur s'exclamait à son tour :

« Learner! Levez-vous. Vous êtes assis *sur* un Instructeur! »

Il était tenu pour certain, au club, que des « Instructeurs » s'y rendaient parfois à l'aide de leur corps astral, et apparaissaient ainsi aux disciples initiés, réunis dans la salle du Cénacle secret.

L' « Instructeur » occupant le sofa avait-il commis une erreur et pris la bibliothèque pour le Cénacle, pièce interdite aux profanes? Il était plus respectueux de ne pas lui attribuer cette étourderie et de croire que sa présence parmi nous répondait à un dessein profond.

Learner, insuffisamment initié aux images astrales, n'avait point remarqué la forme subtile de l'Instructeur installée dans le sofa, et s'était tout bonnement assis dessus. Il ne la vit pas davantage après s'être levé, bien que Miss Holmwood et deux des lecteurs déclarèrent la distinguer nettement, et s'agenouillèrent, les mains jointes en signe de vénération.

Les autres, dont j'étais, ne virent rien de plus que le tournoiement coutumier des volutes de fumée bleuâtre dont les multiples cigarettes des lecteurs emplissaient la bibliothèque.

Villemain reparut, un peu pâle, encore plus renfermé qu'auparavant. Les semaines qu'il venait de passer, enfermé dans sa chambre et les pratiques ascétiques auxquelles il avait dû se soumettre, avaient eu un résultat désastreux pour sa santé.

Ce rapin-occultiste m'était sympathique. Malgré ma curiosité persistante en ce qui concerne « l'entrée dans un tableau », je m'en serais voulu d'appeler immédiatement son attention sur un sujet capable d'influencer fâcheusement son équilibre mental. Il me parut plutôt opportun de le distraire.

« Je ne resterai plus longtemps à Londres, lui dis-je. Je voudrais visiter Crystal Palace avant de m'en aller; voulez-vous y aller après-demain avec moi? »

Il accepta.

Il fut convenu que nous quitterions le club dès après le déjeuner et passerions toute la journée au-dehors.

Ce matin-là, un brouillard léger enveloppait Londres, estompant les lignes et prêtant aux formes un air immatériel comme si elles étaient sur le point de dissoudre leurs contours incertains dans la brume environnante. A la gare, les wagons de tête disparaissaient dans un halo d'un gris blanchâtre, et seules les dernières voitures se distinguaient encore le long des quais.

« Le temps s'éclaircira probablement vers la fin de la matinée, et l'après-midi peut être beau », pronostiquai-je en guise d'encouragement.

« Tout de même, ces paysages fantômes de Londres dans le brouillard sont bien curieux. A condition de ne pas les voir trop souvent », rectifiai-je.

Le train roulait maintenant à travers des épaisseurs de ouate blanche et opaque. Au lieu de se dissiper, le brouillard s'épaississait. Mon compagnon demeurait silencieux et pensif. – Peut-être méditait-il les révélations de sa récente initiation? Son mutisme et le bercement du train m'avaient endormie. Plusieurs coups de sifflet stridents et précipités et un brusque arrêt me réveillèrent. J'eus la vague impression d'avoir fait un long somme. Nous étions sortis de la zone de brouillard, seule subsistait une brume diaphane. Je distinguai, le long de la voie, un bout de quai et un abri pourvu d'un banc. Des hommes d'équipe couraient sur le quai. Où étions-nous? – Abaissant la glace, je criai à l'un d'eux : « Crystal Palace!

– *What?* fit l'homme stupéfait.

– Crystal Palace! » criai-je plus fort.

Je faisais tant de bruit qu'un des camarades de l'interpellé accourut.

« Crystal Palace! Crystal Palace! » vociférai-je derechef.

L'homme comprit. Il hurla quelques mots dans la direction du garde-chef de train qui se précipita aussitôt vers moi.

« *Come down! Quick!* » me commanda-t-il en ouvrant la portière; je fus arrachée du train plutôt que je n'en descendis. J'avais eu tout juste le temps de crier à Villemain de me suivre. La situation était claire, nous nous étions trompés de train au départ de Londres.

« *Baggage?...* demanda le garde.

– Non. »

Le train siffla encore plusieurs fois puis se remit lentement en marche.

Mon compagnon et moi, nous trouvions seuls en face de deux cheminots qui nous considéraient d'un air goguenard. A mon accent ils avaient reconnu une étrangère.

J'expliquai de mon mieux que, montée par erreur dans ce train, je m'y étais assoupie et ne m'étais pas rendu compte de la durée du temps. Puis je demandais où allait ce train dont on nous avait tirés.

« Direct pour l'Écosse », répondirent les hommes. L'arrêt exceptionnel à l'endroit où nous nous trouvions était dû à un accident. Un peu plus loin, à un passage à niveau, un camion s'était renversé sur les rails avec tout son chargement. On venait à peine de déblayer sommairement le passage.

« Vous en avez de la chance », conclurent les cheminots.

Intérieurement, je ne me réjouissais que médiocrement; J'aurais trouvé plus amusant d'arriver à Édimbourg.

Villemain restait muet. Les hommes du chemin de fer pensèrent sans doute qu'il ne comprenait pas l'anglais.

« Un train omnibus passera dans la soirée, ajouta l'un d'eux. Vous n'avez qu'à attendre, il vous ramènera à Londres. »

Ceci dit, ils s'en allèrent.

« Voilà une bien sotte aventure, dis-je au peintre-occultiste. Dormiez-vous donc, comme moi, pour ne pas vous être aperçu que nous roulions beaucoup plus longtemps qu'il ne le fallait? »

J'étais aussi fautive que lui et j'avais mauvaise grâce de lui faire des reproches, mais son air absorbé et son mutisme m'avaient agacée. Le plaisant compagnon, vraiment, que j'avais trouvé là pour passer un après-midi agréable!

Allions-nous, maintenant, devoir rester dans cet endroit perdu jusqu'au soir et sans manger?...

L'auvent, servant d'abri, courait le long d'une cabine percée d'une porte et d'un guichet où se distribuaient les billets à l'heure où les trains s'arrêtaient à cette halte. Porte et guichet étaient clos. Fermée également était la barrière qui permettait de sortir.

Là n'était pas la difficulté. Rien de plus aisé pour tous deux que de nous hisser par-dessus, ou d'enjamber un peu plus loin le petit fossé qui séparait la voie ferrée de la campagne. Mais le pays semblait complètement désert, on n'y apercevait ni habitations ni animaux.

Or, si des voyageurs s'embarquaient à cet endroit, ils devaient bien venir de quelque village voisin, mais à quelle distance celui-ci se trouvait-il? – Loin, évidemment, puisqu'on n'en apercevait aucun signe. Et qui sait si l'on y rencontrerait une auberge où l'on pourrait se restaurer? Fallait-il se hasarder?

Le temps se gâtait, la pluie se mit à tomber, d'abord une bruine légère, puis, bientôt, elle s'épaissit et se transforma en l'une de ces lourdes pluies persistantes, fréquentes en Angleterre. Aucune éclaircie n'était à espérer. Se faire tremper dans ce pays désert n'était guère tentant; mieux valait, sans doute, demeurer au sec sous l'auvent.

C'était probablement ce qu'avait déjà décidé mon compagnon car il s'était assis sur le banc d'un air résigné et absent. De plus en plus maussade, je le rejoignis.

Nous demeurions l'un près de l'autre en silence, lorsque tout à coup Villemain émit, sans que je sache s'il s'adressait à moi ou s'il se parlait à lui-même, cette singulière proposition :

« Si nous étions morts... »

Je sursautai :

« Comment! morts? dis-je. Nous n'avons couru aucun

risque. Le train s'est arrêté à cause d'un obstacle sur la voie.

– Cela arrive, murmura Villemain.

– Qu'est-ce qui arrive?... Que l'on meurt?... Cela arrivera certainement un jour ou l'autre, à tout le monde.

– Nous pourrions être morts sans le savoir... C'est étrange cet arrêt dans ce pays désert... »

Divaguait-il?

« C'est arrivé à un membre de notre Société : un autre de nos frères, son ami me l'a raconté. »

Depuis l'incident du corps astral de l'Instructeur, sur lequel l'un des hôtes du club s'était assis, et celui du tableau *dans lequel* Villemain avait craint *que je n'entrasse,* mes facultés d'étonnement devant les idées des membres du Cénacle de la « Gnose suprême » s'étaient quelque peu émoussées. De quelle nouvelle bizarrerie s'agissait-il?

« L'homme dont vous parlez est mort? demandai-je.

– Non, il est revenu.

– Il est ressuscité! m'écriai-je.

– Non, *revenu,* ce n'est pas la même chose. Je vais vous dire.

– Je vous en prie, je suis tout oreilles. »

Voici ce que Villemain me raconta.

Jean Réval, avec sa femme et leur petit garçon âgé de sept ans, se rendait à une station balnéaire, où ils comptaient passer quelques semaines.

Le train roulait tranquillement quand, soudain, Réval constata qu'il s'était arrêté. Il régnait un grand silence et un brouillard blanc masquait le monde extérieur. La femme de Réval et son fils s'étaient levés et se disposaient à descendre de voiture.

Pourquoi descendre? – Le train allait sans doute repartir. Cependant, Réval ne se sentait pas certain de ce départ. Il ne s'en souciait pas, ses pensées étaient confuses. Machinalement, il suivit sa femme et le petit garçon. Tous deux, semblant très sûrs de leur destination, traversèrent un petit terrain à découvert et arrivèrent devant une haie. La mère et l'enfant se trouvèrent tout à coup de l'autre côté de cette clôture bien que Réval ne pût y voir aucune ouverture permettant le passage. Il avança, se heurta à une barrière impénétrable de branches épineuses et, comme il s'efforçait en vain d'y découvrir une brèche, il entendit une voix disant : « Vous n'êtes pas attendu. »

Le brouillard s'était encore épaissi. Réval distinguait à peine les silhouettes de sa femme et de son fils. Elles lui semblaient déjà lointaines... Ses mains erraient toujours sur les branchages de la haie, mais ses mouvements devenaient plus lents, une grande lassitude l'envahissait, il avait cessé de penser. Il entendit encore, comme venant de très loin, dans le brouillard devenu opaque, la voix qui répétait « Vous n'êtes pas attendu ». Et puis il sombra, inconscient, dans les ténèbres.

Réval ouvrit les yeux. D'abord, il n'eut qu'une sensation de lumière, une lumière chaude de soleil. Puis il distingua une forme blanche penchée sur lui. La silhouette de cette femme, vêtue de blanc, se précisa. Elle parla :

« Ah! Voilà que vous vous éveillez. C'est très bien! Le docteur va être content. »

Réval reprenait conscience; il comprit. La forme blanche était une infirmière, il était dans une salle d'hôpital.

Comment cela se faisait-il?

Ses idées ne se rassemblèrent que peu à peu au cours des jours suivants. Le docteur éluda en souriant ses questions concernant la haie infranchissable et le félicita de sa chance. On l'avait relevé parmi les débris d'un wagon pulvérisé, lors d'un tamponnement qui avait fait de nombreuses victimes. Il avait dû perdre connaissance au moment du choc, au point de n'en garder aucun souvenir. Quand il réclama sa femme et son fils, on lui répondit qu'à part quelques légères contusions, ils étaient indemnes. On trouva des prétextes pour lui expliquer leur absence et puis, quand le médecin crut que l'on pouvait, sans danger, lui révéler la vérité, on lui apprit que tous deux étaient morts quand on les avait retirés de la voiture écrasée. Quant à lui, il était demeuré longtemps inconscient à l'hôpital, où il avait été opéré pour de multiples blessures.

Son récit terminé, Villemain conclut :

« La mère et l'enfant avaient passé la haie, ils avaient été “ annoncés ”; ils étaient attendus. Réval n'était pas attendu et appartenait encore à notre monde.

– Je crois que nous n'avons pas été “ annoncés ” non plus, dis-je. Il nous faudra donc dîner au restaurant en rentrant à Londres, car il sera trop tard pour espérer nous faire servir le moindre repas à la “ Gnose suprême ”. »

Villemain ne se déridait pas, il ne pensait qu'à ce conte. Il l'acceptait avec une foi absolue. Cela m'étonnait. Quelques années plus tard, lorque je me fus familiarisée avec les diverses théories concernant le sort des esprits des morts, notamment celles énoncées dans le *Bardo Thos Tol* des Tibétains, je me rendis mieux compte de celle qui était à la base de l'histoire de Réval.

Le récit de mon compagnon n'avait pas occupé tout le temps qui nous restait à attendre le passage du train. La pluie ne cessait point de tomber, et nous clouait à notre banc sous l'auvent.

Pourquoi, pensai-je, ne pas profiter de ce moment, puisque Villemain semblait en humeur de parler d'occultisme, pour le questionner sur le sens du singulier avertissement qu'il m'avait lancé tandis que j'examinais un de ses tableaux :

« Prenez garde! vous allez entrer! » Que voulait dire : « entrer dans un tableau? »...

« Villemain, dis-je, vous rappelez-vous que, le jour où je regardais vos tableaux, vous avez subitement retiré celui qui représentait une lande déserte en me criant : « Prenez garde! vous allez entrer! » Que vouliez-vous dire? »

Le peintre hésita avant de répondre, puis il m'avoua avec franchise :

« Que vous dirais-je? Ce phénomène reste mystérieux pour moi. Il s'agirait, m'a-t-on dit, du plan astral contigu au plan qui nous est habituel. Toutes choses existent et se meuvent sur plusieurs plans à la fois. La forme d'un paysage a sa contrepartie dans la forme d'un autre paysage constitué par une matière plus subtile. Cela s'applique aux paysages matériels parmi lesquels nous nous mouvons et aussi, bien qu'avec quelque différence, aux paysages représentés en peinture. Nous aussi nous avons une contrepartie astrale de notre individu. Elle n'est pas toujours active, mais elle peut le devenir; il en est de même de la partie astrale de notre environnement ou de celle d'une peinture. La lande du tableau n'est pas seulement un dessin sur une toile. Ces lignes ont véritablement créé une lande sur le plan astral et cette lande n'est point inerte, elle vit, elle attire à elle d'autres formes du plan astral, il peut se passer des choses sur cette lande, on peut y rencontrer des individualités. Nous pouvons être happés par ce monde en marge du nôtre et alors... Mais, je vous le répète, je n'ai pas bien compris les explications qui m'ont été données, aussi n'attachez aucune importance à ce que je viens de vous dire, j'ai pu me tromper. Pourtant, il y a des faits troublants. Je vais vous en citer un.

– Racontez, racontez, dis-je avec empressement.

– Il s'agit aussi d'un tableau. Il représente un coin de palmeraie quelque part en Afrique ou ailleurs. Un soleil éclatant darde ses rayons sur des espaces nus, il y a aussi quelques groupes de palmiers. Le peintre a vraiment réussi à envelopper son paysage dans une atmosphère de chaleur torride.

« Une dame, membre du « Grand Arcane », s'est attardée à contempler cette toile. J'ignore quelles étaient ses dispositions psychiques et comment la chose s'est produite. Soudain, elle a perdu la notion de l'endroit où elle était et s'est trouvée dans la palmeraie; elle s'y est promenée et a eu très chaud, de temps en temps elle s'éventait et s'essuyait le front avec un mouchoir qu'elle tenait à la main, puis, tout à coup, à la lisière de la palmeraie, la lumière changea d'intensité. Elle en éprouva un choc violent, chancela, avança le bras pour s'appuyer contre un palmier et, dans ce mouvement, laissa tomber son mouchoir. Elle était sortie de la palmeraie et se retrouvait dans l'atelier de l'artiste, appuyée à un fauteuil dont elle avait saisi le dossier.

« Un instant après, elle voulut prendre son mouchoir et ne le trouva point; elle se rappela l'avoir tenu en main au cours de son étrange promenade dans la palmeraie et, tournant son regard vers le tableau, l'aperçut au pied d'un palmier. Le mouchoir était clairement peint au pied de l'arbre. Bien entendu, le peintre affirma qu'il n'avait jamais eu l'idée saugrenue de peindre un élégant mouchoir de femme occidentale au pied d'un palmier dans un site africain. D'autres avaient vu la toile pendant et après les séances de travail et nul mouchoir ne s'y trouvait représenté. Cependant, depuis lors, le mouchoir y demeure clairement visible. »

Comment expliquer ce phénomène? – Certains ont parlé d'hallucination collective engendrée par le récit de la dame racontant sa promenade sur le plan astral et l'incident du mouchoir. Bien qu'elle l'eût laissé tomber inconsciemment, ce fait était demeuré imprimé dans son subconscient, et avait suffi pour lui faire voir un mouchoir sur le tableau. Ensuite, par transmission de pensée et suggestion involontaire, elle avait communiqué sa vision à autrui.

Il est possible que les choses se soient passées de cette manière, ou bien, encore, que le phénomène soit dû à une autre cause. Villemain se déclarait perplexe sur ce point, mais pour ce qui était du mouchoir peint au pied du palmier, il l'avait *vu*... de ses yeux, *vu* plusieurs fois.

Bien que l'on puisse trouver des explications à ce singulier cas d'illusion et que, par la suite, j'en ai entendu proposer plusieurs, ce soir-là, après avoir écouté Villemain, je me demandais si, après tout, nous n'avions pas été « attendus » et n'avions pas franchi les limites de notre monde.

Enfin, le train arriva ruisselant de pluie et nous déposa à Londres tard dans la soirée. J'entraînai Villemain dans un restaurant italien; puis nous rentrâmes en car à notre bercail.

Et, le lendemain, je décidai de quitter Londres.

II

APRÈS mon séjour à Londres, je restai quelque temps sans prendre contact avec les occultistes ou autres esprits inquiets, en quête de « gnose » et de phénomènes anormaux. Cependant, j'échangeai, de temps à autre, des lettres amicales avec la très aimable Mrs. Morgan. Elle évitait à dessein, semblait-il, de m'entretenir des divers groupes étudiant les sciences secrètes, dont elle faisait partie. Malgré sa réserve, ce fut pourtant elle qui m'amena à côtoyer, pendant des années, des mondes bizarres peuplés par les plus extravagants spécimens d'humanité que l'on puisse concevoir.

Surprenants, certes, mais combien sympathiques aussi, apparaissaient-ils à mes vingt ans épris d'aventure que rebutait l'atmosphère formaliste d'une famille de gens éminemment « raisonnables ».

Quand je dis que ces « extravagants » m'étaient sympathiques, il ne s'ensuit pas que j'aie jamais songé à les prendre pour modèles. Je les regardais simplement vivre leurs fantaisies, si naïfs, si vaniteux, si braves parfois, luttant contre les terreurs secrètes et mystérieuses engendrées par leurs croyances étranges; je les ai connus aussi, touchants et pitoyables, cœurs tendres avançant à tâtons en quête de sympathie et de protection affectueuse. Quels étaient les mobiles de leur conduite singulière? – J'essayai de les découvrir.

Quand elle sut que je me disposais à m'installer à Paris, pour un séjour prolongé, Mrs. Morgan me conseilla de prendre contact avec la Société théosophique. « Puisque vous vous êtes plu au club de la " Gnose suprême ", m'écrivit-elle, vous pourrez trouver un milieu analogue à Paris, au siège de la branche française de la Société théosophique. Cette société est beaucoup plus importante que celle de la " Gnose suprême "; elle a des ramifications dans le monde entier, son siège central est aux Indes. Je pourrais, si vous le désirez, vous présenter et m'enquérir pour vous de la possibilité d'une chambre au siège à Paris. »

Je me rappelais, en effet, avec plaisir, le confort et le milieu agréable de Londres, l'idée de les retrouver à Paris m'enchantait et je priai Mrs. Morgan de faire les démarches nécessaires. Peu après, elle me répondit que, par suite du départ d'une dame américaine, une chambre se trouvait libre et mise à ma disposition. Il me suffirait d'annoncer mon arrivée au secrétaire de la loge théosophique parisienne, toutes les conditions avaient été réglées.

Je n'en demandai pas davantage et partis pour Paris. En cours de route, les souvenirs de mon séjour à la « Gnose suprême », quelque peu relégués au fond de ma mémoire, me revenaient. Allai-je trouver à Paris d'autres histoires de l'*au-delà?*

Certes, le but de mon voyage n'était pas la recherche de pareilles fantaisies, mais je n'avais pas l'intention de les écarter si elles se présentaient à moi. Il y a presque toujours une part de réalité sous les aberrations aux apparences les plus absurdes; il suffit souvent, pour la découvrir, de réfléchir assez longtemps et de pousser ses investigations assez loin.

Et me voici à Paris, boulevard Saint-Michel, au numéro indiqué.

Étonnement... Je ne vois aucun bâtiment qui puisse dénoter l'existence, à cet endroit, du siège d'une association de quelque importance. Une grande épicerie, dont l'étalage déborde sur le trottoir, occupe tout le rez-de-chaussée de l'immeuble. Au-dessus d'une porte, plutôt étroite, à demi masquée par un amoncellement de légumes, de volailles et d'articles divers, s'inscrit le numéro 30. Point de doute, c'est bien l'adresse qui m'a été donnée.

J'entre dans le corridor d'où part l'escalier conduisant aux étages. La loge du concierge se trouve à la hauteur de l'entresol, une femme assise s'y absorbe dans sa couture.

« La Société?.. Au troisième », me jette-t-elle sans se déranger.

Au troisième, on lit, en effet, sur une plaque, *Société théosophique.* Je sonne, une femme minuscule, presque naine, m'ouvre la porte. Elle me sourit; je comprends que je suis attendue. Elle appelle à haute voix :

« Edmond! Edmond! c'est mademoiselle David! »

L'antichambre n'est qu'un boyau obscur, je dois m'effacer contre le mur pour faire entrer la valise que j'ai, à grand-peine, hissée jusque-là, le long de l'escalier tortueux.

Une porte s'ouvre et un homme qui a répondu à l'appel de la petite dame m'accueille aimablement.

« Entrez, entrez », me dit-il, en indiquant du geste la pièce d'où il vient d'émerger.

« Monsieur Jourdan, sans doute? », interrogeai-je, me demandant si j'avais bien devant moi le secrétaire de la branche française de la S.T; et même si je me trouvais, véritablement, au siège de celle-ci.

« Oui, oui, je suis Jourdan. Mrs. Morgan a correspondu avec moi au sujet de votre séjour. Ma femme vous montrera votre chambre. »

« Sa femme » entra à ce moment; c'était la minuscule personne qui m'avait ouvert la porte.

« J'ai déposé votre valise dans votre chambre, annonça-t-elle d'un air engageant. Par ici, je vous montre le chemin. »

Avant de la suivre, j'avais déjà eu le temps d'inventorier brièvement la pièce où je me trouvais. Un coup d'œil suffisait. Il y avait là une table servant de bureau, encombrée de paperasses et, devant elle, un fauteuil canné. Entre les deux fenêtres donnant sur le boulevard, un « secrétaire », tandis que près de la cheminée, un fauteuil à haut dossier, très affaissé et couvert de velours rouge élimé, voisinait avec trois ou quatre chaises; contre le mur, des étagères de bois blanc supportaient des livres neufs, visiblement destinés à la vente.

Mon étonnement croissait. Étais-je donc vraiment au siège de cette Société théosophique dont le club londonien, d'une élégance discrète, était encore plus important que celui de la « Gnose suprême »?

Ma question traduisit presque inconsciemment mon inquiétude.

« Je suis bien au siège de la branche française de la Société théosophique, n'est-ce pas?

– Mais oui, mais oui, répondit le secrétaire en souriant. Vous occuperez la chambre libre depuis le départ de Miss Walton. »

Mme Jourdan me faisait signe.

« La salle à manger », me dit-elle, tandis que je traversais, à sa suite, une pièce exiguë meublée d'une table, d'une petite armoire en bois blanc et de quelques chaises disparates. De cette « salle à manger » on passait directement dans la chambre qui m'avait été réservée.

L'aspect inattendu du mobilier choisi par le siège de la Société me porta à m'inquiéter immédiatement du genre de confort que pourrait m'offrir ma chambre.

Elle comprenait un sommier posé à même le plancher, et tout de suite, surprenant sans doute l'étonnement de mon regard, mon hôtesse m'expliqua :

« Miss Walton trouvait qu'ainsi cela resssemblait à un divan et faisait style oriental. Elle couvrait ce sofa d'un rideau à dessins persans, et il y en avait de pareils aux fenêtres mais, en s'en allant, elle les a emportés, ainsi que ses couvertures. » Un fauteuil d'osier et une chaise complétaient l'ameublement. Derrière un paravent qui masquait un coin de la pièce, une table longue supportait une aiguière et une cuvette, et dissimulait entre ses pieds une cruche et un seau de toilette de faïence blanche. Il ne semblait pas que l'hydrothérapie fût pratiquée très assidûment au siège parisien de la S.T. Je m'aventurai à poser une autre question.

« Vous avez une salle de bains dans l'appartement?... »

Madame Jourdan parut étonnée.

« Il y a un établissement de bains à deux pas d'ici, dans la rue. » Puis, tout de suite, elle ouvrit un placard étroit pratiqué dans le mur. Ce placard était divisé en deux parties, l'une faisant étagère et l'autre penderie.

La petite madame n'avait rien de plus à me montrer.

« Voilà! conclut-elle d'un air satisfait. Vous serez très bien; je vous laisse vous installer. »

Exit la petite dame.

Devais-je en rire ou en pleurer?...

On ne pleure pas à vingt ans pour pareille aventure. D'ailleurs, je ne pleurais jamais. Cette particularité avait même choqué les bonnes religieuses du pensionnat du « Bois Fleuri », qui encourageaient volontiers chez leurs élèves des démonstrations émotionnelles.

Où était le mystère de ma chambre à la « Gnose suprême » le soir de mon arrivée? Les deux hautes ouvertures voilées de noir et le tableau représentant des anges en excursion au fond de la mer!...

Bah! J'en serais quitte pour chercher un autre gîte après, toutefois, avoir informé Mrs. Morgan de ma déception. La chambre d'angle, avec ses deux fenêtres sur la rue, était de celles que l'on qualifie de « gaie » et certainement habitable provisoirement.

Dès le lendemain, je me pourvoierais du nécessaire, car il ne paraissait pas qu'on se disposât à m'offrir aucun article de literie. Tant pis. Il ne faisait pas froid et une nuit est vite passée.

L'on frappait à ma porte.

« Le dîner! » annonça Madame Jourdan.

J'étais seule à table avec le secrétaire, sa femme et leur fils, un bambin de trois ou quatre ans.

« Il n'y a pas d'autres membres de la Société résidant ici? demandai-je.

– Non, pas pour le moment. Nous attendons une dame qui occupera l'autre chambre, au bout de l'appartement. »

L'autre chambre... Alors, il n'y avait que deux chambres d'hôtes, dans ce « siège central français ».

« Soupe aux pommes de terre », annonça le secrétaire en soulevant le couvercle de la soupière, puis il me tendit une assiette pleine d'eau bouillante dans laquelle nageaient des morceaux de pommes de terre autour d'une grosse tranche de pain gonflée de liquide.

Je savais, par ouï-dire, qu'en France, certaines gens coupent des tranches de pain dans une soupière et versent sur celle-ci du bouillon de légumes. Ils appellent ce procédé « tremper la soupe ». Mais mon éducation nordique ne m'avait point préparée à ce genre de mets. La soupe, pour moi, était un potage passé au tamis.

Je goûtai quelques cuillérées du liquide placé devant moi. Ce n'était que de l'eau de cuisson des pommes de terre.

Mes débuts chez les occultistes français étaient, matériellement du moins, peu encourageants. Je me rappelais en riant le thé au poivre et les œufs au sucre de mon premier souper à la « Gnose suprême ». Car l'on s'amuse de ces stupidités quand on est jeune et que l'on s'en va avec un esprit neuf à la découverte du vaste monde.

Le secrétaire et sa femme parurent un peu surpris par mon manque d'enthousiasme pour ce premier plat.

« Vous n'avez pas faim? », demanda le secrétaire.

Sa femme apporta du fromage.

« Nous sommes végétariens, dit encore le secrétaire.

– Je sais. J'ai résidé pendant quelque temps à Londres, au club de la « Gnose suprême », le régime y était végétarien.

– Oh! la « Gnose suprême »! prononça avec dédain M. Jourdan. Ils ne possèdent point la tradition; ils n'ont point la descendance en ligne directe.

– En ligne directe de qui?...

– D'ancêtres spirituels anciens, très anciens, remontant à l'époque où les entités qui devaient peupler la terre se trouvaient encore dans la lune...

– Comment dites-vous? Les hommes sont descendus de la lune?

– Sans nul doute.

– Comment le savez-vous?

– Il est parmi nous des individus parvenus à un très haut degré d'évolution qui ont contemplé ce fait. »

La physionomie de mon interlocuteur s'était empreinte d'une expression singulière. Il regardait fixement dans le vide. Tout à coup, il revint à un état plus normal et, s'adressant à moi avec la suffisance propre à un magister condescendant à fournir une explication à un ignare, il déclara :

« Certaines des entités transcendantes qui habitaient la lune opérèrent en pleine conscience leur changement de planète. Dématérialisèrent-elles la substance de leur forme pour la rematérialiser ensuite lorsqu'elles atteignirent leur nouveau domicile, ou bien cette substance était-elle d'essence si subtile qu'elle pouvait, à la façon d'une onde, voyager à travers l'espace? Qui peut le savoir?... »

Ces derniers mots me remirent en mémoire un texte des Védas.

« D'où vient cette création et si les dieux existaient avant elle? – Celui qui règne au plus haut des Cieux seul le sait. Et peut-être ne le sait-il pas [1]... »

J'avais murmuré cette citation à voix très basse. Malgré la discrétion de ma remarque, le secrétaire ne parut pas goûter mon interruption. Il reprit en accentuant le ton :

1. *Rig Veda* X, 129.

« Des formes inférieures de vie existaient alors sur la terre, les très évolués Lunaires s'unirent à elles. »

Incorrigible, je murmurai de nouveau :

« Les fils de Dieu virent les filles des hommes et les trouvèrent belles. Ils s'unirent à elles [1]. »

C'est écrit dans la *Genèse.*

– Oui, oui, concéda le secrétaire qui me parut ignorer le texte cité. Il y a des données ésotériques à recueillir dans la Bible pour qui est capable de les découvrir. »

Mes interruptions l'agaçaient visiblement. *In petto,* je me promis de m'en abstenir.

Il reprit : « Certaines de ces individualités venues de la lune se souviennent, dans leur forme terrestre actuelle, des Lunaires, leurs amis ou leurs parents qui ont émigré comme eux et les reconnaissent. De là des associations amicales produites par ces antiques affinités. Plusieurs de nos Maîtres spirituels sont ainsi liés entre eux par la force de relations intellectuelles ou affectueuses, ou par celle d'œuvres entreprises ensemble il y a des milliards de siècles et dont l'achèvement se poursuit parmi nous. »

Quittant son ton doctoral, le secrétaire m'informa qu'une réunion de la loge aurait lieu dans la soirée et m'invita à y assister si le voyage ne m'avait pas trop fatiguée. J'acceptai avec empressement de prendre contact avec les visiteurs attendus.

Une poire termina notre très frugal dîner et je passai avec Jourdan dans une pièce qui lui tenait lieu de bureau. Je compris qu'elle servait également de salle de réunion et je conclus, d'après ses dimensions, que le nombre des assistants à ces réunions devait être restreint.

Mme Jourdan enlevait le couvert.

Assez tard dans la soirée, deux personnes arrivèrent l'une après l'autre. Le secrétaire nous présenta; il s'agissait d'un monsieur Ronald, homme d'une quarantaine d'années et de Mme Dejean, dame du même âge environ,

1. *Genèse* VI, 2.

sèche et anguleuse, dont la figure rappelait vaguement la physionomie de certains oiseaux de proie.

Quand on leur eut dit que j'avais été en contact avec la « Gnose suprême », tous deux se récrièrent avec une indignation encore plus méprisante que celle de M. Jourdan : les gens de la « Gnose suprême » n'étaient que de vulgaires profanes, peut-être de vils imposteurs.

J'avais eu déjà quelque connaissance, à Londres, des sentiments de « fraternelle charité » réciproques des membres des diverses associations d'occultistes.

Je détournai la conversation en demandant quels étaient les principaux sujets étudiés au cours des réunions de groupe. Mme Dejean répondit immédiatement :

« Nous étudions la *Bhagavad-Gîtà* dans le texte sanscrit », prononça-t-elle avec importance.

Oh! oh! pensai-je, voici qui devient intéressant.

« Vous apprenez le sanscrit, Madame? dis-je. Suivez-vous des cours à la Sorbonne ou au Collège de France? »

Qu'avais-je osé penser!... La dame darda sur moi ses yeux d'oiseau de proie.

« Les professeurs officiels! Foucaux, Sylvain Lévi et les autres, railla-t-elle. Que savent-ils du sanscrit? – Rien! En lisant ils n'émettent qu'un bruit pareil au cliquetis d'ossements desséchés. Leurs cours sont des cimetières...

« Dans la résonance de chaque syllabe sanscrite correctement prononcée, il existe une vibration qui correspond à un plan particulier d'existence. Cette prononciation ésotérique s'apprend intuitivement pendant des méditations profondes, alors que les sens sont fermés à toute sensation venant du dehors. Les syllabes et les mots s'entendent, alors, par les oreilles internes et ce sont nos yeux spirituels qui les contemplent; ils sont harmonie et lumière et ils procurent, à ceux qui peuvent les saisir, la vision des plans auxquels ils appartiennent et l'accès à ceux-ci.

– Cependant, les traductions ont leur utilité... au moins pour les débutants », hasarda timidement le monsieur.

La dame n'eut pas le loisir de formuler une objection.

Un grand bruit s'élevait dans la chambre voisine, celle où je n'avais pas encore pénétré.

Le petit garçon pleurnichait, criait, tapait du pied. Sa mère s'efforçait de le calmer avec des paroles enfantines.

« Tais-toi, Zi-Zi. Voilà du bon lolo tout chaud dans la jolie tasse à Zi-Zi... Bois vite et tu iras faire dodo. Dodo, chantonnait la maman, Dodo avec petit ours. »

La dame manifesta son déplaisir.

« Ne peut-on pas garder cet enfant dans une autre pièce lorsque des membres sont réunis ici pour communier en esprit », dit-elle sèchement.

Le secrétaire se leva, sortit. On l'entendit qui grondait le petit et réprimandait la maman.

« La communion en esprit » ne me paraissait pas suffisamment réalisée entre nous pour réveiller mon intérêt. Je m'excusai prétextant la fatigue du voyage et me retirai.

Ma chambre pouvait se passer d'éclairage, les lumières de la rue et des cafés situés en face de la maison y pourvoyaient. Le boulevard présentait une scène animée et peu édifiante. Des filles en quête de clients arpentaient les trottoirs et s'arrêtaient devant les terrasses des brasseries, en esquissant des gestes d'invite qui pouvaient, eux aussi, fournir le thème de certaines méditations. Était-ce pour en arriver là que nos antiques ancêtres étaient descendus de la lune? me demandai-je.

Je ne quittai pas l'appartement du couple Jourdan. La petite femme était la créature la plus délicieusement idiote que l'on puisse concevoir; elle avait immédiatement conquis ma sympathie. L'amour qu'elle portait à son mari dépassait toute mesure et se manifestait de la façon la plus baroque.

« Edmond a des *pouvoirs,* m'avait-elle confié, dès le début de mon séjour. Parfois, il reste assis dans son fauteuil sans bouger et *ses ongles deviennent verts.*

« Oh! tout ce qu'il y a dans sa tête! disait-elle encore.

On sent les vibrations spirituelles qui émanent de son crâne. Un “ voyant ” pourrait les discerner, car ils rayonnent dans l’air autour de lui. »

Je n’étais pas « voyante » et ne constatais que la calvitie anormalement étendue du secrétaire qui n’avait cependant que trente-deux ans. Et, sans doute pour capter ces ondes invisibles, tandis que son mari écrivait des articles d’occultisme transcendants pour diverses revues de sciences secrètes, elle baisait inlassablement la surface polie de l’espèce d’œuf d’autruche qui dominait la maigre personne du secrétaire.

Pendant ces démonstrations amoureuses, le fricot qu’elle avait oublié sur le fourneau à gaz – elle faisait aussi fonction de cuisinière – progressait vers une incinération complète. Une odeur dénonciatrice s’insinuait sous les portes des chambres et, dès qu’on les ouvrait, la fumée qui, de la cuisine exiguë, avait envahi l’antichambre, tourbillonnait en volutes grisâtres autour du secrétaire doué de « pouvoirs ».

Alors, je mettais un chapeau et allais déjeuner au restaurant le plus proche. Discuter avec la petite dame aurait été inutile.

Certains soirs réunissaient trois ou quatre membres de la Société. Ils lisaient la *Bhagavad-Gîtà* dans une édition où le texte sanscrit – transposé en caractères romains – figurait sur la page opposée à celle de la traduction française faite par Burnouf.

Ces bonnes gens, oubliant que l’ordre des mots qui composent une phrase n’est pas le même dans toutes les langues, appliquaient imperturbablement le premier mot de la phrase française au premier mot de la phrase sanscrite, ce qui produisait les plus cocasses assemblages.

J’avais tenté de formuler quelques timides observations mais je m’étais fait immédiatement contrer de telle façon que je n’y étais plus revenue. Pendant ces séances de lecture, Mme Dejean poursuivait son idée concernant les ondes vibrantes des syllabes sanscrites. On parlait beaucoup de *vibrations* parmi les membres de la loge « éternelle » (*ananta* était son nom officiel). La dame, ouvrant largement son bec de rapace, émettait des séries de sons tantôt gutturaux, tantôt perçants. D'abord, quelques-uns de ses frères en théories hermétiques avaient tenté d'imiter ses intonations, mais ils y avaient vite renoncé, et les assistants silencieux laissaient la dame poursuivre seule ses exercices vocaux.

Parfois, une période de méditation était décrétée par le secrétaire, à l'issue d'une lecture ou de la partie musicale dont la *Gîtà* était le prétexte. Il s'enfonçait alors dans le vieux fauteuil et y demeurait immobile, les yeux clos. Les autres, moins confortablement installés sur de simples chaises, faisaient de louables efforts pour conserver la même immobilité et y réussissaient mal. On entendait le frottement de leurs semelles sur le plancher ciré, le craquement de leurs sièges, ou une toux mal réprimée. Cela durait, durait, longtemps après minuit. Tout à coup, le secrétaire frappait fortement ses mains l'une contre l'autre. Les assistants sursautaient.

« Assez! éjaculait Jourdan. Rentrez! »

J'appris, par la suite, que cet ordre impératif n'enjoignait point à ceux qui le recevaient de regagner leurs demeures respectives. Il s'agissait d'une réintégration d'ordre plus subtil. Durant leur période d'immobilité et d'absorption, les esprits des membres de ce petit cénacle étaient supposés se détacher partiellement de leurs enveloppes corporelles, pour se rapprocher d'autres plans d'existence. On peut se tuer à ce jeu-là, pensent – et non tout à fait sans raison – les yoguins indiens. Les membres de la loge *ananta* avaient une vague connaissance de ce danger, et comme aucun d'eux n'inclinait au suicide, le secrétaire dirigeant l'exercice l'arrêtait au moment où il l'estimait proche du point critique.

Ses craintes, je le crois bien, étaient exagérées, l'esprit de ses frères, mal à l'aise sur leurs chaises, ne menaçait aucunement de prendre son vol vers d'autres régions. La physionomie de ceux qui se levaient ressemblait plutôt à celle de gens ensommeillés.

Les « bonne nuit » s'échangeaient à voix basse et, l'air pénétré, la contenance dévote, les visiteurs s'éclairant avec des lampes de poche descendaient l'escalier.

A l'issue de ces réunions, il advenait parfois que Jourdan, au lieu de passer dans la chambre conjugale, proposait une promenade nocturne.

« Activons la rentrée de notre *prâna* dans notre forme physique », disait-il. Et tous trois, lui, sa femme et moi déambulions dans Paris endormi. Au retour, vers trois ou quatre heures du matin, il commandait à son épouse :

« Léontine, fais-nous du café très fort. » L'on buvait du café noir et l'on causait jusqu'à l'aube.

Cette bohême m'amusa pendant quelque temps, puis finit par me lasser. Les nuits sans sommeil s'accordent mal avec les études et je suivais, alors, les cours de sanscrit du professeur Ed. Foucaux. Le professeur Foucaux était aussi tibétisant; il avait traduit la version tibétaine du *Lalita vistara (le Gyatcher rolpa).* C'est lui qui, le premier, me parla du Tibet, et je ne me doutais guère, à cette époque, du rôle que ce pays devait plus tard jouer dans ma vie.

J'avais aussi pris contact avec le musée Guimet et sa bibliothèque où je m'initiais avec ravissement à la littérature et à la philosophie de l'Inde et de la Chine.

Ce qu'a été pour moi la bibliothèque du musée Guimet et son étonnante atmosphère créée par les multiples effigies des Dieux et des Sages de l'Orient, je l'ai déjà dit [1]. Les « vibrations » dont parlaient mes amis du boulevard Saint-Michel y étaient abondantes. Elles émanaient non seulement des statues impassibles en apparence, le long des galeries du musée, mais aussi des centaines d'objets ayant servi à la célébration de cultes divers, et maintenant soigneusement rangés et étiquetés dans des vitrines.

Toutes ces choses n'étaient-elles pas imprégnées de

1. *L'Inde où j'ai vécu.* Plon.

l'énergie subtile que, consciemment ou non, ceux qui les avaient utilisées ou vénérées, avaient déversée en elles en y attachant leurs pensées? Chacun des personnages : Bouddha, Dieux ou Sages, chacun des vases sacrés, des tablettes ornées de symboles ésotériques ne recelait-il pas une âme qui y veillait parfois depuis des siècles et pouvait se manifester de façon sensible à des êtres réceptifs?

Le musée Guimet renfermait entre ses murs plus de mystère, d'ésotérisme et de hauts secrets que toutes les sectes dispensatrices d'initiations imaginaires et puériles, qui attirent et dupent tant de naïfs.

Il arrivait aussi que l'on fît, au musée Guimet, des rencontres inattendues. Depuis quelque temps, j'avais remarqué dans la petite salle de lecture [1] une dame au maintien réservé, qui s'asseyait presque en face de moi, à la grande table, s'absorbait dans sa lecture, prenait des notes et demeurait absolument silencieuse tandis que, soit en arrivant, soit à l'heure de la fermeture, la plupart des habitués faisaient généralement un bout de conversation avec l'érudit bibliothécaire M. de Milloué.

J'avais fini par lui adresser un léger salut muet qu'elle me rendait aimablement, et j'avais eu la curiosité de me renseigner sur les titres de ses lectures.

« Je crois qu'elle s'intéresse à la philosophie juive de Maïmonide [2] et qu'elle étudie aussi les Arabes : Avicenne, Averrhoès [3]. Pour le moment, elle lit, ici, des ouvrages traitant du Védânta. C'est Madame de Bréant... La comtesse de Bréant... »

Un soir, au moment de partir et me croyant seule, je saluais selon mon habitude, à la mode indienne, les paumes jointes, la grande statue du Bouddha qui siège

1. Celle qui existait, alors, avant que fût ouverte aux lecteurs la rotonde centrale.
2. Maïmonide, théologien et homme de science : médecin. Juif espagnol, né à Cordova, XIIe siècle.
3. Avicenne, médecin arabe (980-1037; voir p. 158). – Averrhoès, médecin et philosophe arabe (1126-1198), professait une sorte de panthéisme.

dans la rotonde, derrière les grilles closes. J'entendis alors la voix amicalement railleuse de Mme de Bréant.

« La bénédiction du Bouddha soit sur vous, mademoiselle », disait-elle.

Je me retournai. N'ayant aucune envie de me justifier comme si je venais d'être surprise en flagrant délit d'idiote idolâtrie, je répondis :

« Cette statue japonaise, d'ailleurs fort belle, me fait penser au grand Sage qu'elle est censée représenter et je salue, en elle, sa Doctrine.

– C'est le bouddhisme que vous étudiez ici, mademoiselle?

– Principalement, mais, pour s'en faire une idée correcte, il me semble que l'on doit étudier le milieu philosophique dans lequel il a pris naissance. Cela oblige à étudier toutes les autres doctrines indiennes. Je crois aussi aux influences du milieu physique sur la pensée et j'espère bien aller un jour voir le pays natal du Bouddha. » Désir que je réalisai bien des années plus tard.

« J'ai déjà été aux Indes et je compte y retourner l'année prochaine », dit la dame.

Puis, tout à coup : « Voulez-vous venir prendre une tasse de thé avec moi dans une pâtisserie? Ma voiture m'attend à la porte. »

J'acceptai; ce fut le début de relations intéressantes, car Mme de Bréant était intelligente et très cultivée.

Un jour, elle m'apprit qu'elle appartenait à la Société Pythagore dont une loge existait à Paris, et m'invita à assister à une réunion ouverte aux non-membres : aux « profanes » suivant son expression. Qu'il y eût des pythagoriciens à Paris m'étonna grandement. Pythagore, dont la doctrine ne m'était guère connue alors, représentait pour moi une figure quasi mythologique de Sage de l'ancienne Grèce, dont l'existence historique était même contestée. Ce détail n'avait, du reste, pas d'importance. Pythagore, en tant qu'homme, pouvait n'être qu'un mythe, il n'en existait pas moins une doctrine qui se réclamait de lui, et je venais d'apprendre qu'elle avait des adeptes à Paris. Ils méritaient d'être rencontrés. J'acceptai l'invitation.

Environ quinze jours plus tard, Mme de Bréant vint me prendre pour me conduire à la réunion de cette société. Elle avait lieu dans un pavillon situé au fond d'un jardinet quelque part à Auteuil. Une vaste pièce, servant de salle d'attente et aussi de vestiaire, précédait la salle de réunion proprement dite.

Mme de Bréant m'avait informée qu'il y aurait une conférence et non pas une véritable cérémonie rituelle, car seuls les initiés étaient admis à ces dernières.

« Bon! » Il y avait, là aussi, des initiés. J'en rencontrais partout depuis mon premier contact avec le Cénacle secret de la « Gnose suprême ». Eleusis, Delphes, les Mystères d'Isis avaient maints disciples contemporains et la cohorte des mystagogues semblait constituer une véritable foule.

J'admettais les mystères des temples grecs ou de ceux de l'Égypte; le décor était là, imposant, propre à émouvoir le candidat à... Savait-il au juste à quoi il aspirait?... La terreur sacrée qui régnait en ces lieux consacrés engourdissait sans doute la pensée et le raisonnement, pour ne laisser place qu'à des sensations, celles de l'attente de l'insoupçonné, celles de s'avancer vers le seuil d'un *au-delà,* de joindre les Dieux. Mais quelle lamentable pitrerie que les rites initiatiques célébrés dans le misérable appartement des Jourdan ou dans tout autre vulgaire logis analogue! – Comment se trouvait-il des gens qui, sans rire, pouvaient jouer un rôle dans une telle farce? – Il y en avait pourtant et, certains soirs, certains après-midi, le secrétaire s'enfermait avec quatre ou cinq élus; on brûlait de l'encens dans la chambre aux usages multiples, on y chuchotait à voix basse. Généralement, je m'absentais pendant ces séances. Un jour, rentrant peu avant la tombée de la nuit, j'entendis des gémissements, un marmottement entrecoupé de sanglots. Le bruit venait de la cuisine située au bout de l'antichambre. Je m'y rendis; la porte était fermée à clef, mais celle-ci avait été laissée au-dehors. J'ouvris. La petite Mme Jourdan était là, tout en larmes, assise sur un escabeau, tenant serré contre elle son petit garçon qui maugréait plaintivement et cherchait à lui échapper pour sortir de la cuisine, tout prêt à éclater en cris violents.

Tous deux grelottaient. C'était l'hiver, la cuisine ne possédait pas de poêle, mais seulement ce que l'on dénommait un « potager » qui fonctionnait avec du charbon de bois. Il n'y avait pas de feu, la pièce était glaciale.

« Que faites-vous là? m'écriai-je, stupéfaite.

– Edmond nous a enfermés, répondit piteusement la victime de cet étrange traitement. Il a une réunion ésotérique. Je ne dois pas entendre ce que l'on y dit, ni voir ce que l'on y fait. »

Par pitié pour cette douce idiote, je refrénai une violente envie de rire, allai droit à la porte à travers laquelle filtraient des bouffées d'encens, l'ouvris et annonçai brièvement :

« Jourdan, votre femme et le petit se gèlent dans la cuisine où vous les avez enfermés. Demain, ils auront peut-être une bronchite.

– Combien est regrettable cette interruption! dit, avec une moue d'ennui, l'une des dames présentes.

– Je pense que la réunion est maintenant terminée, dit une autre, décochant un regard venimeux au secrétaire qui, après le départ des invités, alla piteusement délivrer sa famille.

L'atmosphère de la « loge Pythagore » différait totalement de celle qui enveloppait la « loge *ananta* ». Le confort sévère de l'ameublement, le maintien grave des membres de la Société étaient propres à éveiller des sentiments différents chez le visiteur.

La salle comprenait une estrade avec un pupitre à l'usage des orateurs et de nombreux sièges capitonnés, recouverts de velours beige. Au-dessus de l'estrade, une large étoile illuminée se détachait sur le fond bleu de la peinture murale. En dessous d'elle, une inscription : « *Même si elle est trop haute* ». Ce devait être la devise de la loge : une exhortation, m'expliqua-t-on plus tard, à poursuivre un idéal élevé même si on se croit incapable de l'atteindre.

Cette idée d'ascension sans espoir me remettait à l'esprit un texte bouddhique où il était question d'une échelle dressée vers le ciel; l'auteur du texte paraissait ridiculiser, par cette figure, la conduite des fidèles de certaines sectes qui s'acheminaient vers des buts hypothétiques. Moi, j'avais trouvé jolie cette idée de grimpade aventureuse vers les nuages sans savoir ce qui se trouvait derrière eux, sans pouvoir même être certain qu'il y ait quelque chose, et la devise de la « loge Pythagore » me plaisait. Après tout, c'est le voyage qui compte, c'est la marche menant à travers des « paysages » variant à chaque pas. Se flatte-t-on jamais d'atteindre l'horizon? Faut-il pour cela renoncer à l'enchantement des routes tendues vers lui?...

Bien entendu, je ne communiquai pas ces réflexions à mes hôtes. Assise parmi les auditeurs de la conférence annoncée, j'observais le rituel qui la précédait.

Les assistants se levèrent pour entonner d'une voix grave une récitation psalmodiée des célèbres *Vers dorés* : le texte imprimé de ceux-ci, dans la traduction française de Fabre d'Olivet, avait été distribué aux invités. Papier de luxe, pages à encadrement de couleur dénotaient, tout comme l'ameublement de la salle, que la « loge Pythagore » ne manquait pas de fonds.

Ses membres, dans une attitude recueillie, les yeux clos, récitaient :

« Rends aux dieux immortels le culte consacré,
Garde ensuite la foi : révère la mémoire
Des héros bienfaiteurs, des esprits demi-dieux.
Sois bon fils, frère juste, époux tendre et bon père,
Choisis, pour ton ami, l'ami de la vertu.
Il t'est donné pourtant de combattre et de vaincre

Tes folles passions : apprends à les dompter.
Sois sobre, actif et chaste; évite la colère.
En public, en secret ne te permets jamais
Rien de mal; et surtout respecte-toi toi-même.

Ne parle et n'agis point sans avoir réfléchi.
Sois juste. Souviens-toi qu'un pouvoir invincible
Ordonne de mourir, que les biens, les honneurs
Facilement acquis, sont faciles à perdre.
Et quant aux maux qu'entraîne avec soi le destin,
Juge-les ce qu'ils sont : supporte-les, et tâche,
Autant que tu pourras, d'en adoucir les traits.
Écoute et grave bien en ton cœur mes paroles :
Ferme l'œil et l'oreille à la prévention,
Crains l'exemple d'autrui; pense d'après toi-même,
Consulte, délibère et, choisis librement,
Tu dois dans le présent contempler l'avenir.
Ce que tu ne sais pas, ne prétends pas le faire.
Veille sur ta santé : dispense avec mesure,
Au corps les aliments, à l'esprit le repos.
Le luxe et l'avarice ont des suites semblables,
Il faut choisir, en tout, un milieu juste et bon.

Que jamais le sommeil ne ferme ta paupière
Sans t'être demandé : qu'ai-je omis? qu'ai-je fait?
Si c'est mal, abstiens-toi; si c'est bien, persévère.
Médite mes conseils; aime-les; suis-les tous;
Aux divines vertus ils sauront te conduire,
J'en jure par celui qui grava dans nos cœurs
La Tétrade sacrée, immense et pur symbole
Source de la nature et modèle des Dieux.
Instruit par eux, alors rien ne t'abusera :
Des êtres différents tu sonderas l'essence,
Tu connaîtras le tout, le principe et la fin.
Tu sauras, si le ciel le veut, que la nature,
Semblable en toute chose, est la même en tout lieu :
En sorte qu'éclairé sur tes droits véritables,
Ton cœur de vains désirs ne se repaîtra plus.

Tu verras que les maux qui dévorent les hommes,
Sont le fruit de leur choix; et que ces malheureux
Cherchent loin d'eux les biens dont ils portent la source.
Dieu! vous les sauveriez en décillant leurs yeux...
Mais non : c'est aux humains, dont la race est divine,
A discerner l'erreur, à voir la vérité.
La nature les sert. Toi qui l'as pénétrée,
Homme sage, homme heureux respire dans le port.
Mais observe mes lois, en t'abstenant des choses
Que ton âme doit craindre, en les distinguant bien;
En laissant sur le corps régner l'intelligence
Afin que, t'élevant dans l'éther radieux,
Au sein des immortels tu sois un dieu toi-même. »

C'était une sorte de service religieux, de « culte » comme disent les protestants. En plus des fidèles de la secte, nous étions là une demi-douzaine d'invités profanes; cette longue récitation scandée avait eu sur certains d'entre nous un effet nettement soporifique. Le conférencier qui monta, ensuite, à la tribune, ne se vit accorder qu'une demi-attention de leur part. J'avoue que moi-même, malgré ma curiosité toujours en éveil, quant aux théories philosophiques, je me sentais l'esprit engourdi.

L'orateur commenta une formule inscrite sur l'un des murs : *Le nombre est l'essence des choses.* Son commentaire n'éclairait guère la signification de cette déclaration énigmatique, base de l'enseignement pythagoricien.

Puis il parla de la formation des âmes au sein de l'éther qui emplit l'espace, la substance des âmes étant l'éther lui-même. Ces âmes, expliquait-il, s'incarnent dans les corps. Unies à ces corps, elles accomplissent des actions : des actions bonnes ou des actions mauvaises [1]. Après la mort du corps auquel elles ont été unies, elles vont, suivant leur degré de mérite ou d'indignité, habiter les différentes planètes.

Le conférencier énumérait encore maintes autres théo-

1. L'on rencontre des théories analogues dans l'Inde.

ries qui semblaient être des dogmes pour les membres de la « loge Pythagore » et pouvoir se passer de démonstration.

Ma voisine susurra à mon oreille :

« Il ne dit pas comment les âmes qui se trouvent dans les planètes communiquent avec nous... »

En effet, il ne l'avait pas dit et la séance fut levée sans que nous ayons été instruits à ce sujet.

Comme nous allions nous retirer je m'approchai de Mme de Bréant et la remerciai de m'avoir invitée à cette réunion. Elle me sourit aimablement et m'informa qu'un groupe de Pythagoriciens, parmi lesquels elle comptait des amis, vivaient en communauté dans une petite propriété de campagne, s'y adonnant à la méditation des enseignements de Pythagore, menant une vie simple et cultivant un jardin...

Faisant signe à une autre dame, elle me présenta à elle comme désireuse d'approfondir la doctrine du Maître.

Je trouvai en moi-même qu'elle s'aventurait un peu loin, je n'avais témoigné aucun désir de ce genre, mais je m'abstins de le déclarer.

« Eh bien! puisqu'il en est ainsi, dit aimablement la dame qui s'était avancée vers moi, venez nous voir dans notre phalanstère, nous serons heureux de recevoir votre visite. Vous nous y verrez chez nous, dans nos vêtements d'initiés. Nous portons de longues robes blanches avec de larges manches... »

Ce détail vestimentaire semblait occuper une place importante dans l'esprit de la dame... Peut-être plus de place que la solution de l'énigme : *Le nombre est l'essence des choses.*

Je remerciai. Mais, par la suite, je fus retenue par d'autres sujets d'enquête; d'ailleurs mes études ne me laissaient guère de loisirs... et je n'ai jamais vu les initiés vêtus de blanc du phalanstère Pythagore.

Évidemment, je connaissais l'existence des adeptes du spiritisme. Je connaissais même la boutade de Nietzsche à leur sujet : *Ils s'assemblent dans une chambre obscure attendant l'apparition des esprits et, pendant ce temps, le leur disparaît.* Mais bien que, pendant mes séjours soit au club de la « Gnose suprême » à Londres, soit chez les Jourdan, il m'eût été facile d'entrer en relation avec des spirites, je n'en ai rien fait, car ils ne m'inspiraient guère d'intérêt.

Je fus pourtant amenée à assister à des *séances* qui avaient lieu à Paris, chez une vieille dame écossaise, la duchesse de Pomar, née lady Caithness.

Elle habitait un très vaste et somptueux hôtel, remarquable par un escalier monumental en marbre rose. La maîtresse du logis recevait dans une chambre à coucher dont le plafond peint représentait le « Cercle de l'Étoile », c'est-à-dire plusieurs centaines de figures de bienheureux et d'anges disposés en rangées concentriques autour d'une étoile d'or.

Les regards de cette foule céleste convergeaient vers les proportions démesurées d'un lit à colonnes et à baldaquin qui, installé sur une estrade, occupait la plus grande partie de la chambre. La duchesse y dormait-elle vraiment, épiée par cette multitude de regards inquisiteurs? – J'en doutais un peu.

Le « jour » de la maîtresse de maison, l'on discutait, dans cette chambre, de théories occultes et de recettes d'alchimie mais, surtout, de l'évocation des esprits. La duchesse et ceux qu'elle recevait étaient tous des adeptes du spiritisme; mais ils donnaient à celui-ci son nom anglais : « spiritualism », qui leur semblait avoir une résonance plus noble.

Le saint des saints de cette palatiale demeure était une sorte de chapelle dédiée à Marie Stuart. Dans l'Histoire, cette infortunée reine de France et d'Écosse, décapitée en 1587 après une captivité de dix-huit ans, n'apparaît pas précisément sous les traits d'une sainte, mais, chez la duchesse, elle était l'objet d'un véritable culte. Celle-ci ne l'avait-elle pas instituée sa légataire universelle!...

Un portrait en pied de Marie Stuart occupait le fond de

la chapelle et, devant celui-ci, les dévots de la défunte souveraine s'assemblaient autour d'une table ronde pour évoquer son esprit. Un médium féminin professionnel prêtait son concours.

Pendant les séances, la chapelle était faiblement éclairée. Les assistants – généralement une douzaine de personnes – les mains posées sur la table, les petits doigts se touchant, afin d'établir la « chaîne », observaient un profond silence dans l'attente de la « présence » qui pourrait se manifester. Le plus souvent aucune « présence » ne donnait signe de vie, pourtant il arrivait que la table émît des craquements ou que la lumière en veilleuse qui éclairait la pièce se mît à vaciller et à danser. Le médium répondait alors aux questions qui lui étaient posées quant à la signification de ces « phénomènes » et ses réponses consistaient généralement en balbutiements incohérents. D'autres fois, on faisait appel à la table et l'on interprétait le nombre de coups frappés, pour savoir si elle avait dit *oui* ou *non,* selon l'ordre des lettres de l'alphabet. Les communications avec l'esprit de Marie Stuart ou d'autres défunts célèbres – ces évocations étaient réservées aux seules célébrités – étaient d'une idiotie déconcertante. Juste ciel! me disais-je *in petto,* est-il possible que nous nous abrutissions à tel point dans l'autre monde!

Une fois, pourtant, il advint un drame.

Des craquements inusités, violents, persistants se faisaient entendre dans la table; l'inquiétude s'emparait des assistants. Le médium, en état de transe, s'agitait dans son fauteuil.

Tout à coup une voix masculine, une basse rauque, vaticina :

« La main du karma s'étend sur vous, couple impur. Le châtiment est proche. Ne souillez pas plus longtemps ce lieu de votre présence. »

La consternation figea les assistants sur leurs sièges. Quels pouvaient être parmi eux les personnages impurs désignés par l'esprit?

En vain quelques-uns tentèrent-ils de les lui faire nommer, il resta muet. Il ne répondit pas davantage à ceux qui lui demandèrent de se nommer lui-même. L'oracle et ceux qu'il avait dénoncés demeurèrent anonymes.

N'était-il pas permis à un incrédule de penser que le médium salarié avait été soudoyé par un mauvais plaisant pour jeter un élément de suspicion parmi les membres du cercle de Marie Stuart?... Ce n'était pas invraisemblable et je me permis de le penser.

Cependant, un occultiste à qui je racontai l'incident, me dit :

« Il peut s'agir d'autre chose que d'une méchante plaisanterie. Parmi les personnes présentes, qui nous dit qu'il ne s'en trouvait pas à qui leur conscience, ou leurs préjugés, reprochaient une faute, un « péché » : relations adultères ou anormales... Leur pensée concentrée sur des actes coupables dont ils redoutaient les suites matérielles ou supra-matérielles a pu être captée par le médium en état de transe, et recevoir dans son esprit troublé l'affabulation baroque qui a donné naissance à la prédiction que vous avez entendue. »

Cela aussi n'était pas invraisemblable, mais d'après les données de certaines théories concernant le monde occulte, une autre explication s'offrait encore.

Les « esprits » qui se manifestent dans les séances des spirites sont des élémentaires, des âmes désincarnées plus ou moins longtemps conscientes. Elles sont plus ou moins intelligentes, souvent hébétées aussi, par l'état inconfortable que leur créent leur manque d'enveloppe matérielle et l'impossibilité où elles se trouvent, faute d'organes sensoriels, de participer encore à l'activité du monde auquel elles ont appartenu. Ces élémentaires cherchent avidement les occasions de se réincarner et de nouer avec les vivants des relations propres à leur faciliter cette réincarnation. Or, à défaut de celle-ci, ces entités tendent à occuper temporairement les individus incapables de s'opposer à leur emprise ou ceux qui la subissent volontairement. De là, des phénomènes de possession et de médiumnité.

Toutefois, un grand nombre des êtres qui manifestent leur présence dans les *séances* spirites seraient des « élémentals ». Ceux-ci, toujours d'après ces théories, n'ont jamais appartenu à l'humanité. Ils font partie du monde innombrable des déités et des démons peuplant la terre et l'air, dont les faits et gestes alimentent les contes et les légendes de tous les peuples.

Intelligents pour la plupart, actifs, rusés, quelquefois amicaux, le plus souvent enclins à nous induire en erreur, à nous tendre des pièges pour s'amuser, ou pire, pour le seul plaisir de nuire, ces êtres se comportent, au cours des séances spirites, à mystifier les assistants, en se présentant sous des noms d'emp[illegible] faisant passer pour les personnalités évoqués, [illegible] les pensées intimes des croyants assis [illegible] rituelle, produisant des phénomènes grâce à l'énergie possédée par les assistants eux-mêmes.

Ce sont aussi ces « élémentals » que les magiciens soumettent et emploient à leur service. L'un d'eux, même agissant à l'instigation d'un agent étranger, pouvait avoir dépisté le couple impur présent dans la chapelle de Marie Stuart, ou peut-être avait-il inventé cette fable?...

Ces explications présentaient, elles aussi, une apparence vraisemblable. Il était encore possible d'en échafauder d'autres, mais je ne m'y employai point.

III

On frôle souvent le domaine de l'extravagant et du grotesque. En matière de spiritisme, il serait sans doute difficile d'imaginer un comportement plus extraordinaire que celui des membres d'un groupe allemand, dont faisaient partie deux hommes de lettres de mes relations. Tous deux étaient d'assez tièdes spirites et leur foi nazie n'était pas plus vive; mais les autres membres de ce cénacle, spirites convaincus, débordaient, tout au contraire, d'admiration pour le Führer qu'ils tenaient pour le seul être capable de restaurer la grandeur et la puissance de l'Allemagne. Mus, en même temps, par leur incommensurable ferveur hitlérienne et par leur foi profonde dans les doctrines spirites, ces illuminés avaient conçu l'étrange projet de renforcer les cohortes – se comptant déjà par millions – des fidèles du dictateur, par d'autres bataillons recrutés parmi les plus sages et les plus valeureuses des personnalités du royaume des mânes.

L'appui des défunts distingués et illustres semblait éminemment souhaitable à ces toqués : ils fourniraient au parti l'appoint de forces occultes et de conseillers capables de suggérer au Maître des résolutions basées sur leur longue et profonde expérience.

A cette époque couraient déjà des rumeurs concernant la foi d'Hitler en des directives dispensées par des agents extra-humains. Augmenter le nombre et la qualité de ceux-ci était faire acte de partisan dévoué.

Le groupe s'assura le concours d'un médium.

S'il faut en croire les rapports de mes correspondants, il y eut d'extraordinaires séances! La table trembla, on entendit des bruits, des voix, l'on reçut d'énigmatiques messages au moyen de l'écriture automatique, tandis que le médium, livide, enfoncé dans un fauteuil, balbutiait abondamment, en des langues que nul des assistants ne comprenait.

Cependant, le nom de ce médium me faisait soupçonner une origine juive. Qui était-il?... Peut-être un rescapé des pogroms qui se dissimulait ou cherchait à se réhabiliter au sein d'une société nazie?... Un traître, me dit-on, plus tard, beaucoup plus tard, après la défaite de l'Allemagne et la « dénazification » des fidèles du groupe, leur enthousiasme pour la fréquentation des personnalités de l'autre monde avait alors considérablement diminué.

Eh, oui! Le fait semblait patent, le médium, fidèle à son sang juif, avait trahi la confiance de ses patrons nazis.

Plus avertis, ou plus vigilants, ceux-ci auraient pu être mis en éveil par certaines manifestations d'un caractère insolite; ainsi, le crayon courant, un soir, sur le papier placé sous la main du médium en état de transe, avait tracé le nom du Rabbi Simon ben Jochaï.

Simon ben Jochaï est réputé pour être l'auteur du *Zohar,* le « Livre de la splendeur », un des ouvrages compris dans *Kabbalah.*

Que venait-il faire là?...

La visite inopinée de cette entité hétérogène ne se renouvela pas mais, une autre fois, on entendit le médium marmotter : « Par la lettre et par la voix l'on crée et l'on défait. » Cette déclaration n'offrait aucun rapport apparent avec les questions posées aux esprits.

Comme je viens de le dire, je n'eus connaissance de ces incidents que longtemps après leur manifestation. J'étais en Chine et j'avais presque oublié l'existence de ce groupe spirite et de ses fantastiques expériences, quand l'un des écrivains qui en avait fait partie les rappela à mon souvenir. Une explication me vint alors à l'esprit.

Le médium pouvait n'être qu'un demi-simulateur. Vraisemblablement, il croyait à la possibilité de communiquer avec des entités appartenant aux mondes de l'*au-delà*. La haine qu'en tant que juif il portait au persécuteur des siens l'avait induit à évoquer les esprits de coreligionnaires célèbres et doctes en sciences secrètes afin de déjouer, par leur entremise, les projets de ceux qui s'efforçaient d'accroître le pouvoir d'Hitler en lui procurant des protections occultes. Ses désirs fortement gravés dans son esprit s'étaient, sans qu'il en fût conscient, exprimés au cours de ses crises de médiumnité.

Ce juif vindicatif devait être cabaliste. Sa phrase : « Par la lettre et par la voix l'on crée et l'on défait », pouvait être rapprochée d'un texte de Sepher Jedzirah, le « Livre de la création ». Ce texte déclare : « Par la Lettre et par la Parole l'on crée. » Sous l'impulsion de son désir passionné de détruire Hitler, le médium avait ajouté au texte une suite logique : ce qui *crée* doit aussi être capable de *détruire*.

Cette explication ne repose, évidemment, sur aucun fondement sérieux, il n'y a là que les idées suggérées par la déconvenue des patrons du médium et leur croyance superstitieuse en de puissantes et occultes influences juives qui, selon eux, ont contribué à la ruine de Hitler.

J'ai commencé par qualifier de grotesque l'idée de ces naïfs spirites cherchant à recruter dans l'autre monde des protecteurs et des aides pour leur chef bien-aimé. Saugrenue, cette idée l'était, sans nul doute; je ne me dédis pas de mon opinion. Pourtant... pourtant, est-ce que dans tous les temps des hommes n'ont pas invoqué l'aide de dieux, d'anges, de génies, de saints, tous personnages de l'autre monde? Ne les ont-ils pas crus capables de leur apporter secours, protection et succès?... Alors, faisons un retour sur nous-mêmes et soyons indulgents aux fantaisies des spirites de la bonne ville de X..., au-delà du Rhin.

Si le monde des spirites nous présente maints tableaux propres à provoquer notre hilarité, il en existe d'autres, de tragiques, et je vais essayer d'esquisser l'un de ces derniers. Mais, auparavant, il me faut expliquer comment j'ai été conduite par des voies détournées vers l'héroïne du drame.

Pendant l'un de mes séjours à Paris, je m'étais installée dans le voisinage des Champs-Elysées, chez une demoiselle qui tenait une pension de famille pour dames. Mon hôtesse répondait au nom bizarre de Cybert. Malgré son âge, que l'on pouvait déjà qualifier de « respectable », et le cachet presque austère qu'elle imprimait à son établissement, Mlle Cybert n'était pas tout à fait exempte de coquetterie. Elle fréquentait à titre de cliente occasionnelle, mais surtout d'amie, la patronne d'un salon de soins de beauté, qui se faisait appeler Mme Zabrozka. Que cette dernière fut authentiquement russe ou polonaise, j'en doutais, mais le nom slave faisait bien sur les cartes de la maison et attirait la clientèle. Le salon Zabrozka, où trois gracieuses employées officiaient sous la direction de leur patronne, était prospère.

Mme Zabrozka se réjouissait de son succès, comme aurait pu le faire toute autre commerçante, mais son esprit s'évadait souvent des préoccupations d'ordre commercial pour voler vers des recherches secrètes, touchant ce qu'elle appelait : « la maîtrise des éléments »; Mme Zabrozka était occultiste.

Chez elle se réunissait, certains soirs, une compagnie bizarre composée d'individus qui se vantaient de posséder des « pouvoirs » supra-humains, de magnétiseurs, de voyants et autres phénomènes du même acabit; tous, d'ailleurs, de peu d'intérêt. J'en soupçonnais plusieurs de fréquenter les réunions du salon Zabrozka principalement à cause du souper généreusement servi qui les terminait.

L'un des fidèles de ces réunions, un bonhomme corpulent à barbe jaunâtre, y répétait toujours le même truc.

Celui-ci consistait à réchauffer jusqu'à le rendre brûlant un liquide froid emplissant un verre qu'il tenait entre ses deux mains, et sur lequel il soufflait doucement. Telle était sa « spécialité », son pouvoir particulier.

Ce qui me paraissait remarquable, c'était la facilité avec laquelle les autres invités, ceux qui formaient la galerie du simple public et ne se targuaient d'aucune supériorité d'ordre occulte, se persuadaient que le breuvage qu'ils goûtaient était véritablement chaud. Il arriva même qu'une femme portant à sa bouche une tasse de thé, qu'elle avait confiée froide au « sorcier », poussa un cri : elle s'était brûlé les lèvres. Il ne s'agissait pas d'une simple sensation; la trace d'une légère brûlure se voyait sur sa lèvre inférieure.

Parmi les témoins du phénomène, plusieurs trempèrent le doigt dans le thé et le déclarèrent chaud. Quant à moi, il me parut froid. Je ne m'étais attendue à aucun prodige; là était, sans doute, la cause qui m'avait empêché d'en voir.

L'on pouvait assister chez Mme Zabrozka à diverses autres manifestations puériles du même genre, mais le « grand jeu » était présenté par la maîtresse du logis : celle qui aspirait à dompter les « éléments ».

Or donc, Mme Zabrozka se vantait d'avoir dompté le feu; elle y était parvenue, disait-elle, avec l'aide de certains génies associés avec cet élément. Comme preuve de l'immunité qu'elle avait acquise, Mme Zabrozka saisissait le bord de la plaque brûlante d'un poêle à pétrole.

Cet appareil de chauffage jouissait, alors, d'une grande vogue. Il consistait en une grande lampe coiffée d'un large plateau en fer. Ce plateau s'échauffait et faisait fonction de radiateur.

Devant ses invités, Mme Zabrozka promenait sa lampe allumée tout autour du salon, en la tenant du bout des doigts par le bord du plateau. Elle se vantait de pouvoir, par le seul attouchement de ses doigts contre ceux d'une autre personne, conférer à celle-ci son immunité personnelle. De fait, quelques-uns des assistants ayant risqué l'épreuve déclarèrent ne pas avoir éprouvé la sensation de brûlure, ils s'étaient d'ailleurs bornés à effleurer la plaque brûlante. Leur confiance dans les pouvoirs de leur hôtesse manquait de solidité.

Ces petites exhibitions de « pouvoirs occultes » ne m'intéressaient pas, et je cessai bientôt d'assister aux réunions. Toutefois, je restai en relation avec Mme Zabrozka et allai, de temps en temps, prendre une tasse de thé chez elle. Sa conversation ne manquait pas d'intérêt. Elle possédait un trésor d'anecdotes piquantes grâce à ses clientes qui la prenaient volontiers pour confidente, mais elle les contait avec discrétion et ne divulguait jamais le nom des héroïnes de ses histoires.

Ce fut ainsi que me trouvant, un soir, chez elle, je fus si vivement frappée par la beauté d'une femme, élégamment vêtue, qui quittait le salon, que j'en fis la remarque à notre esthéticienne. Que venait faire chez elle cette déesse descendue de l'Olympe?... Elle n'avait certes pas besoin de ses soins. Et malgré la discrétion bien connue de mon hôtesse, je ne pus m'empêcher de la questionner :

« Qui était-elle?... Une femme du monde?... Une actrice?... Que faisait-elle dans la vie?...

– Ce qu'elle fait... Elle fait les paquebots, répondit Mme Zabrozka. Elle quitte Paris demain, vous ne la reverrez vraisemblablement jamais. Et puis, je ne vous ai pas dit son nom.

– Les paquebots?... »

Cette fois, Mme Zabrozka riait franchement.

« Mais oui; d'un bout à l'autre de l'année, elle navigue sur les grandes lignes, en cabine de luxe, se consacrant charitablement à la distraction des passagers riches, pendant les longues heures monotones des traversées. »

Notre conversation en resta là. Les années, de nombreuses années s'écoulèrent. A mon retour du Tibet, je me retrouvai à Paris et eus la curiosité de m'informer de Mme Zabrozka.

Le salon Zabrozka existait toujours, mais sa fondatrice, retirée des affaires après fortune faite, se contentait d'y conserver des intérêts. Elle habitait un coquet appartement où elle me reçut avec un enthousiasme singulier.

« Votre visite est plus qu'une coïncidence, me dit-elle. Elle est certainement due à quelque puissance occulte. J'ai lu vos derniers livres et beaucoup de mes amis, dont la vicomtesse de Trévaux, les ont lus aussi. Elle se désole parce qu'elle vous croit très loin d'ici alors qu'elle aurait tant désiré vous consulter. Elle ne doute pas que vous n'ayez acquis, au Tibet, la connaissance de profondes sciences et que vous soyez capable de l'assister, tandis que nul ne l'a pu jusqu'ici. »

De quoi s'agissait-il?... Si cette dame était malade, il fallait lui dire que je ne pratiquais pas l'art de guérir. Et, d'abord, qui était cette vicomtesse de Trévaux, si naïvement emballée à mon égard?

« Vous la connaissez, me dit Mme Zabrozka. Vous souvenez-vous d'une femme dont la beauté vous a particulièrement frappée un soir, chez moi? »

Mon excellente mémoire me rappela, en un instant, la merveilleuse cliente de mon interlocutrice et la profession que celle-ci lui avait attribuée.

« La dame qui fait les paquebots!... m'écriai-je.

– Il y a longtemps qu'elle ne les fait plus, répondit Mme Zabrozka. Elle est veuve et vicomtesse authentique. Il sera charitable à vous d'aller la voir, je vous conduirai chez elle. Dites oui, je vous en prie. Elle est affreusement malheureuse; elle vous racontera elle-même... Oui, elle-même, je ne dois pas... »

Je me laissai conduire chez Mme de Trévaux, et c'est ainsi que je connus le plus émouvant des drames spirites que l'on puisse imaginer. Je vais essayer de le reconstituer, ici, d'après le récit que m'en fit peu à peu celle qui en était la malheureuse héroïne.

Cette année-là, Claire de Langy, après une retraite fructueuse de plusieurs mois auprès d'un généreux industriel américain, se remettait en route et, assez largement pourvue de fonds pour céder à sa fantaisie, elle avait décidé qu'au lieu de retourner en Europe par les lignes qui lui étaient familières, elle ferait le tour du monde, passant par le Japon, la Chine et l'Inde.

Le paquebot sur lequel elle voyageait avait embarqué à Shangaï, après une brève escale, quelques négociants chinois et trois Anglais que Claire de Langy avait immédiatement évalués de son œil exercé : bonshommes suffisamment cossus mais fort au-dessous du degré auquel elle accordait son attention. La traversée lui apparaissait donc comme une cure de repos, et elle se laissait aller à en jouir béatement, étendue sur une chaise longue de pont.

En approchant de Singapour, la température devint torride, le vent de mer, au lieu de rafraîchir les passagers, faisait passer sur eux des ondes brûlantes qui les anéantissaient. A part les gens du personnel que réclamait leur service, tous à bord passaient leurs journées à dormir.

Claire de Langy, allongée sur son transat, sommeillait à demi, lorsqu'à travers ses longs cils baissés, elle entrevit un couple de passagers qu'elle n'avait pas encore aperçus.

C'étaient deux moines vêtus de robe de bure, tête nue et pieds nus dans des sandales. Comment pouvaient-ils, avec ces frocs si lourds, supporter cette température asphyxiante? Les deux hommes allaient et venaient lentement sur le pont. L'un d'eux, âgé, d'assez petite taille, plutôt replet, le front ruisselant de sueur, paraissait accablé par la température; son compagnon, jeune et de haute taille, avait un visage pâle et émacié, semblable à celui de certains martyrs figurant dans les tableaux des artistes du Moyen Âge.

Des missionnaires retournant en Europe, pensa Claire. Ils ne l'intéressaient pas et elle referma les yeux. Au bout de quelque temps, elle éprouva une sensation particulière, celle d'être regardée, puis elle entendit une voix :

« La tête me tourne... Je respire mal... cette chaleur!...

Décidément je ne me sens bien que couché dans la cabine.

– Mais oui, mon père, répondait une autre voix. Marcher ne vous est pas bon; l'immobilité est préférable. Mais permettez-moi d'appeler le médecin, vous êtes très rouge; je crains que vous n'ayez la fièvre.

– Le médecin... oui, peut-être. Je me sens vraiment mal... Faites-le appeler. Je descends dans la cabine, vous reviendez près de moi lorsque le docteur aura été prévenu. »

Claire entendit le pas traînant du vieux moine qui s'éloignait lentement. Puis cette sensation d'un regard posé sur elle lui revint. Elle ouvrit les yeux. Debout, une main crispée sur le garde-fou, le jeune moine la regardait fixement. Se voyant surpris, il s'éloigna aussitôt, mais l'experte professionnelle qu'était Claire de Langy avait eu le temps de discerner, au fond des grands yeux bruns du jeune religieux, la petite lueur dansante révélatrice des émois secrets.

Un moine!... Brusquement réveillée de sa torpeur, elle demeurait stupéfaite. Quelle aventure! murmura-t-elle. Jamais, jamais au cours de sa vie galante, un amant de cette sorte ne s'était présenté à elle. Jamais elle n'avait imaginé que telle chose pût arriver... Un moine!... et jeune... à la figure d'ascète... peut-être vierge... Une vague de chaleur parcourut ses artères, une idée diabolique venait de surgir en elle : provoquer l'affolement de cette chair promise à une éternelle chasteté, s'en amuser. Quelle expérience savoureuse à tenter!

Cet admirateur imprévu de sa beauté n'avait pu, pensa-t-elle, manquer de remarquer, derrière sa chaise, la porte ouverte qui désignait, comme étant sienne, la cabine auprès de laquelle elle était étendue. Un instinct qu'elle sentait infaillible l'assurait que le jeune moine reviendrait à la nuit, rôder de ce côté-là.

La nuit tomba; une nuit des tropiques, voluptueuse, chaude et molle. Sur la mer, presque immobile, une nappe phosphorescente s'étendait à perte de vue, l'atmosphère lourde annonçait l'orage et, très loin, par instants, de brefs éclairs striaient le ciel ténébreux.

Sur sa nudité blonde, Claire drapa étroitement un léger kimono de crêpe sombre, jeta un fichu noir sur sa chevelure dorée et, ainsi, presque invisible dans la nuit, les lampes de sa cabine éteintes, elle alla s'appuyer au parapet du pont, tournée vers la mer, immobile, attendant ce qui devait arriver, elle le *savait*.

Et il vint, pieds nus, silencieux, presque invisible lui aussi, dans son froc de bure brune. Comme elle, il s'appuya au parapet, mais adossé contre lui, il regardait non point l'océan, mais une porte ouverte qui mettait un trou d'ombre dans la blancheur des parois des cabines. Fasciné, il demeurait là lorsqu'une sorte de paquet noir le heurta, poussant une légère exclamation de surprise.

« Oh! pardon, dit le « paquet » à demi-voix. La nuit est si obscure... je ne vous avais pas vu... Je regardais la mer. N'est-elle pas magnifique! Voyez cette nappe mouvante d'argent d'où jaillissent des étincelles. Comment tous ces gens peuvent-ils dormir enfermés dans leurs cabines pendant une nuit pareille!...

« Des fées et des génies s'ébattent sans doute autour de nous... Nous devrions entendre leurs chants. Ne percevez-vous rien?... » Elle s'était approchée tout contre lui sans paraître s'en apercevoir. Elle le sentait trembler et le devinait incapable de prononcer un mot.

Avait-il conscience de ses gestes?... Une main qu'il avança rencontra, dans l'entrebâillement du kimono, la chair de la femme qui sembla ne point percevoir le léger attouchement.

« Je me refroidis, dit-elle. L'humidité de cette région est malsaine. Je rentre. »

Lentement, paisiblement, elle se dirigea vers la porte ouverte et pénétra dans sa cabine. Sans un mot, il était entré derrière elle.

S'amusa-t-elle autant qu'elle se l'était promis de ce colloque muet, baignant dans une atmosphère de sacrilège? Elle se le demanda à l'aube, après le départ du jeune moine. Si des matelots le rencontrent à cette heure sur le pont, ils croiront que ce saint homme récite matines, pensa-t-elle, ironiquement. Mais ce fut sa dernière bravade. Elle s'était déjà prise au jeu méchant qu'elle avait provoqué. La ferveur sensuelle à la fois hésitante, maladroite et passionnée de son singulier amant avait ébranlé son impassibilité de professionnelle.

Le dur contact de la bure sur sa chair délicate lui laissait une sensation qu'elle n'avait jamais ressentie, voluptueuse et aiguë – et son désarroi mental égalait celui de ses sens.

Rompant son mutisme, avant de la quitter, son amant d'une nuit lui avait dit brièvement, avec un ton autoritaire qui l'avait déconcertée :

« Demain, dans la soirée, nous arriverons à Colombo; faites préparer vos bagages et descendez à terre. Je quitterai moi aussi le bateau. Nous nous retrouverons dans un hôtel. Connaissez-vous Colombo? »

Oui, elle y avait passé quelques semaines autrefois.

« Pouvez-vous me nommer un hôtel? »

Elle en nomma un. Celui où elle s'était arrêtée deux ans auparavant.

« Je suis le vicomte de Trévaux, avait ajouté le moine. Je vais en France pour recueillir l'héritage d'un de mes oncles. Mon compagnon est chargé de transférer le montant au général de notre ordre. Maintenant... »

La suspension de la phrase indiquait suffisamment que le général de l'ordre venait de perdre sa qualité de bénéficiaire.

« Vous n'avez rien à craindre. Je me chargerai de tout. »

Il me traite comme une fille, pensa Claire de Langy, et son orgueil se révolta, bien qu'elle eût conscience d'avoir vraiment agi comme une fille.

« Je n'ai besoin de rien », répondit-elle durement.

Un bref instant d'hésitation. Continuerait-elle l'aventure? Les souvenirs sensuels de la nuit précédente se représentèrent, dominateurs.

« Je descendrai », dit-elle.

Il avait quitté la cabine sans un mot, sans tenter une dernière caresse.

Claire de Langy ne se sentait nullement engagée par la promesse qu'elle avait faite. Des promesses!... Elle en avait tant fait, tant entendu! Elle réfléchissait. Du moins, elle croyait qu'elle réfléchissait, mais la fatalité venait de la saisir. A son insu, elle s'acheminait vers le plus étrange des destins.

Le bateau avait levé l'ancre à midi. De sa chambre, Claire avait entendu la sirène appeler les passagers qui s'attardaient sur les quais. Arrivée la veille au soir, elle attendait.

Elle attendit pendant toute la journée, s'étonnant de ne pas voir Trévaux. Se pouvait-il que des scrupules de dernière minute l'eussent arrêté, rejeté, désolé et contrit auprès de son vieux compagnon probablement commis à sa garde par des supérieurs anxieux de sauvegarder sa chasteté... et, sans doute, l'héritage destiné à l'ordre?

Quoiqu'il pût en être, l'aventure n'avait pas été banale.

Trévaux se fit annoncer le jour suivant. Claire eut peine à le reconnaître. Il avait employé son temps à se métamorphoser. C'était un élégant gentleman en costume tropical qu'elle voyait devant elle. Un seul détail mettait une note exotique dans sa tenue : un turban noir enserrait sa tête provisoirement rasée pour masquer sa tonsure. A Colombo, parmi la foule cosmopolite, cette particularité n'attirait pas l'attention.

La belle courtisane apprécia l'aspect correct et distingué du vicomte; elle apprécia également sa beauté mâle et son visage pâle aux traits classiques de jeune héros grec, mais l'attirance diabolique de péché rare, de sacrilège, qui émanait du froc monastique s'était évanouie.

La passion de Trévaux subsistait; ils furent de nouveau amants. Pourtant, Claire crut percevoir chez le jeune homme un insensible changement d'attitude. L'acuité, que la conscience de violer ses vœux et de profaner la robe qui en était l'insigne donnait à son désir, s'était-elle émoussée?

« Nous avons commis une faute grave, pour moi, c'était un crime, lui dit Trévaux. Socialement, du moins, nous devons lui donner une réparation. La loi anglaise autorise la célébration du mariage après un court séjour sur le sol britannique. Nous nous marierons dans la quinzaine. »

Trévaux avait décidé cela, seul, sans consulter sa maîtresse. Celle-ci en restait confondue, humiliée même, mais elle ne songea pas à résister. Elle ne manquait pas de bonnes raisons pour accepter ce mariage. Elle avait vingt-six ans, la trentaine viendrait vite. Elle possédait une fortune suffisante pour vivre confortablement mais, comme la majorité de ses collègues, elle aspirait instinctivement à une vie régulière et tranquille... et puis, elle serait vicomtesse.

Le mariage eut lieu. Toutes les formalités légales accomplies, M. et Mme de Trévaux rentrèrent en France, s'installèrent luxueusement sur la Côte d'Azur et il y eut là, parmi beaucoup d'autres, un ménage riche, paisible, banal, que rien ne distinguait de ses voisins.

Alors, il arriva que Trévaux, parti un matin en excursion, ne rentra pas. A sa place, un homme âgé, l'air grave, se fit annoncer dans la soirée.

Me X..., notaire, portait sa carte.

« Madame, annonça-t-il à Claire, avec un laconisme solennel, je suis chargé par votre mari, le vicomte de Trévaux, de vous informer qu'il ne reviendra plus ici. Il a quitté ce pays pour un monastère de chartreux où il a résolu de passer sa vie dans la retraite.

« La totalité de ses revenus, dont il m'a confié l'administration, vous sera régulièrement versée et la propriété de la maison que vous occupez présentement a été transférée à votre nom. Je vous laisse mon adresse et je reste à votre entière disposition pour toutes les questions d'intérêt dont vous pourriez m'entretenir. »

En vain, Mme de Trévaux essaya-t-elle de se faire indiquer le couvent des chartreux où son mari s'était enfermé, le notaire déclara qu'il s'était engagé par serment à ne pas le révéler.

Le départ de son mari, sa décision de couper tous liens entre elle et lui ne surprit pas outre-mesure l'ex-Claire de Langy. Elle comprenait que les influences qui, autrefois, avaient amené Trévaux à embrasser la vie monastique, n'avaient jamais entièrement abdiqué : elles venaient de le reconquérir.

En même temps que s'imposait à elle cette mélancolique constatation, Claire faisait une découverte. Elle avait voulu s'amuser de l'amour de Trévaux et, maintenant, elle l'aimait.

Maintes fois, la vicomtesse supplia le notaire de rompre son silence. Ce fut en vain.

Elle paya des policiers privés, les fit enquêter en France, en Espagne, en Italie, et en d'autres pays encore. Aucun résultat ne s'ensuivit. Comment aurait-il pu en être autrement? Trévaux enseveli dans une cellule, derrière les hautes murailles d'un monastère, n'était-il pas devenu un quelconque Père Benoît ou Frère Augustin, dépourvu de personnalité, anonyme parmi d'autres morts-vivants comme lui.

Pensait-il encore à elle?... Peut-être priait-il pour elle...

Et des années passèrent. Un jour Me X..., le notaire, se fit de nouveau annoncer.

Plus grave et plus solennel encore que lors de sa première visite. « Madame, dit-il à Claire, je remplis auprès de vous une triste et pénible mission. Je dois vous annoncer la mort du vicomte de Trévaux, votre mari. D'après les disposition de son testament déposé chez moi depuis longtemps, vous avez été instituée unique héritière de tous ses biens. Je remplirai, si vous voulez m'en donner le pouvoir, toutes les formalités requises pour votre mise en possession de l'héritage. »

Claire demeurait atterrée.

Trévaux était mort. L'infime lueur d'espoir qu'elle avait pu conserver venait de s'éteindre. Une barrière plus infranchissable que les murs de toutes les chartreuses : la mort, la séparait à jamais de l'homme qu'elle aimait.

Avant de disparaître, ne lui avait-il pas adressé un suprême message, quelques mots signifiant qu'il se souvenait de leur amour?

Rien, dit le notaire. Trévaux n'avait rien ajouté au testament rédigé lors de son entrée chez les chartreux.

Pouvait-elle, au moins, savoir où il était mort, obtenir quelques détails sur ses derniers jours, ses dernières heures?

Non, le notaire ne devait rien dire. D'ailleurs, il ne savait à peu près rien.

Mme de Trévaux ne pouvait pas, ne voulait pas se résigner à ce silence sans espoir.

C'est alors qu'elle rencontra des adeptes du spiritisme et que son calvaire recommença sous une autre forme.

Les esprits des défunts se manifestant aux vivants par l'intermédiaire de médiums, de tables et de divers autres modes, tous les liens n'étaient donc pas irrémédiablement rompus entre nous et les êtres dont la mort nous avait séparés.

Claire se raccrochait à cet espoir. Même s'il demeurait invisible, Trévaux pourrait l'entendre, lui répondre. Elle aurait la preuve qu'il se souvenait d'elle.

Cliente assidue des séances de spiritisme et des médiums rapaces, Mme de Trévaux s'acharna en vain. Il arrivait que les médiums, les tables, même de fugaces apparitions répondissent par des messages aux enquêtes anxieuses de parents ou d'amis. Les « esprits » des disparus témoignaient, par ces communications, qu'ils *vivaient* dans l'*au-delà* et qu'ils y conservaient les sentiments qui les avaient unis à ceux qui les appelaient. Mais dès que le nom de Trévaux était évoqué, un pesant mutisme s'emparait soudain des médiums, les tables s'immobilisaient dans un lourd silence.

Il en était toujours, toujours ainsi. Trévaux restait muet, inflexiblement muet. Et cela, aussi, dura pendant des années. La raison de la pauvre veuve sombrait peu à peu dans cette poursuite exaspérée, qui se heurtait à un mur que rien ne pénétrerait jamais, pire encore, dans cette poursuite qui s'enfonçait dans le vide.

Lorsqu'elle sut mon retour du Tibet, la pauvre femme s'imagina que je devais y avoir appris le secret de contraindre les morts à se manifester; qui sait, celui de les rappeler, sous une forme corporelle, dans notre monde.

J'eus des difficultés à la persuader qu'une telle science m'était étrangère.

Mme de Trévaux pensa d'abord que je ne compatissais pas à sa douleur.

Puis, elle me demanda quel était, selon les croyances tibétaines, le sort de ceux qui quittent notre monde.

Je ne pouvais pas lui faire un cours de philosophie bouddhiste, elle n'avait pas les moyens intellectuels nécessaires à sa compréhension. Je me bornai à lui exposer les croyances populaires concernant la réincarnation.

« Nul ne meurt totalement, lui dis-je. Nous continuons seulement un long voyage commencé depuis des siècles et des siècles, et qui se poursuivra indéfiniment pour la plupart d'entre nous. Seuls de grands Sages parviennent à l'arrêt, au repos. Votre mari a repris naissance, il peut être, actuellement, un jeune enfant quelque part dans le monde. Formez dans votre cœur des souhaits de bonheur en faveur de tous les êtres, il en partagera le bénéfice. »

Mme de Trévaux détournait la tête et son regard fixait, dans le vide, une image qui n'était certainement pas celle d'un enfant, mais celle du jeune moine qui lui était apparu, autrefois, sur le pont d'un paquebot, dans l'atmosphère brûlante des tropiques. Celui dont le froc de bure avait meurtri sa chair, une nuit où la flûte du grand Pan, ironique et propice, chantait au-dessus de la mer scintillante l'épithalame des éternelles noces païennes.

IV

CELA débuta sous un banian en l'une de ces luxueuses demeures qu'habitaient, aux Indes, les hauts fonctionnaires britanniques.

L'homme que me présenta mon hôtesse correspondait au type classique du savant germanique, grand, blond, le nez chevauché par d'importantes lunettes à monture d'or, d'allure distinguée et doctorale. Professeur, le visiteur l'était, en effet. « Doctor, Professor Arnold Grundwald », indiquait sa carte; elle mentionnait aussi son domicile : Vienne. Herr Grundwald était autrichien.

« Le professeur désire vous parler de fantômes », me dit lady Woodward, en souriant.

« Non, pas de fantômes », rectifia le professeur, dont l'air grave indiquait que la plaisanterie serait exclue de notre entretien. « Il s'agit de phénomènes d'une nature spéciale, qui appellent des investigations. »

Cette déclaration laissait présager de la tournure scientifique de notre conversation. Cependant, pendant les jours qui suivirent – le professeur avait demandé à me revoir – c'est dans le domaine du fantastique que j'entrai avec lui.

A cette époque, je revenais d'un premier séjour prolongé en terre tibétaine, et c'est pourquoi le docteur Grundwald espérait que j'avais acquis certaines connaissances dérivées de la magie tibétaine et que, parmi celles-ci, il s'en trouvait qui éclairciraient le problème qu'il s'efforçait de résoudre.

Le professeur Grundwald, officiellement autrichien, était à demi slave, peut-être un peu mongol, par sa mère, une Russe sibérienne. Ce fait me parut propre à expliquer certaines caractéristiques de son esprit. Il s'avouait occultiste et astrologue. Quand il vint me voir, il s'intéressait à l'étoile de la nativité : celle qui, d'après la légende, apparut aux rois mages et les guida vers l'étable de Bethléem.

Quelle était cette étoile qui semblait cheminer dans le ciel devant les pèlerins royaux?

Tel était le problème qui préoccupait, jusqu'à l'angoisse, l'érudit docteur viennois.

Il se rendait parfaitement compte qu'en marchant dans une même direction, l'on peut continuer à voir pendant longtemps une même étoile devant soi, et que ce fait peut créer l'illusion de voir cette étoile cheminer devant soi... « Ceci en admettant que cette étoile soit de celles que nous ne voyons pas descendre au-dessous de notre ligne d'horizon : qu'elle soit une de ces étoiles qui ne se « couchent pas ».

Mais, les étoiles « qui se couchent », on les revoit le lendemain, reprendre leur promenade, tandis que cette étoile-là s'était *arrêtée.*

« Et voici, l'étoile qu'ils avaient vue en Orient, allait devant eux, jusqu'à ce qu'étant arrivée sur le lieu où était le petit enfant, elle s'y *arrêta* [1]. »

Elle s'était *arrêtée...* Ensuite c'était le mystère. On ne disait ni quand, ni comment elle avait disparu. On ne disait pas qu'elle s'était effacée du ciel et, cependant, on ne la retrouvait pas dans notre firmament actuel.

Or, toutes les étoiles qui ont été vues, même par nos ancêtres les plus reculés, existent toujours, et on doit pouvoir les découvrir en un endroit ou en un autre du ciel.

1. Matthieu II, 9. Le seul des Évangiles qui mentionne cette étoile.

Mais, celle-là, qu'était-elle devenue après son *arrêt* au-dessus « du lieu où était le petit enfant »?

Depuis plusieurs années, Herr Grundwald se livrait à des graphiques compliqués : calculs basés sur des données astronomiques, doublés de chiffres relevant de l'astrologie, il n'avait toujours pas pu repérer son étoile. Quand il vint me voir, il commençait, timidement, à douter de sa réalité. Non point qu'il se fût, enfin, avisé que cette histoire de mages et d'étoile était, simplement, une de ces légendes où abondent les prodiges agréables aux âmes simples. Pas du tout. Il croyait fermement à la réalité historique des rois mages et de leur guide lumineux.

Je crus ébranler sa conviction en lui rappelant que, pendant leur traversée du désert, après leur départ de l'Égypte, les Israélites disent avoir été guidés par une colonne qui cheminait devant eux : colonne de feu pendant la nuit, qui, pendant le jour, devenait colonne de nuées.

Quelle maladresse fut la mienne! Ma malencontreuse remarque ne fit que raffermir sa foi dans le prodige de l'étoile voyageuse. Un fait déjà produit – tel celui de la colonne mentionnée dans l'*Exode* (XIII, 22) – pouvait se produire de nouveau, avec des variantes.

Toutefois, il y avait là matière à réflexion, et le professeur réfléchissait. Moi, il me semblait m'enfoncer, peu à peu, dans une atmosphère de « petites maisons ».

Si, disait Herr Grundwald, la colonne de l'*Exode* pouvait passer pour un phénomène passager, il n'en était pas de même d'une étoile, d'une étoile *véritable, réelle.* Alors?... Oserait-on penser qu'il s'agissait d'un simulacre d'étoile créé dans le but précis d'amener les Mages à Bethléem et qui, sa mission accomplie, n'était pas allée plus loin, et s'était évanouie comme disparaissent les rêves et les mirages dénués de réalité matérielle...

Ici, le professeur hésitait. Il y a une cause matérielle à la base du mirage... Il peut se faire qu'il soit centré sur un objet matériel transfiguré par l'effet de circonstances atmosphériques ou autres...

D'autre part, un support matériel capable de jouer le rôle d'une étoile ne pourrait-il pas avoir été créé et disparaître, quand la force qui lui avait donné la forme et la luminosité d'une étoile *se retirait* de lui, ou *lui était retirée?...*

Herr Grundwald en était arrivé là de ses hypothèses, lorsque nos conversations prirent fin. L'été était proche, je partis dans les montagnes. Je pensais que je n'aurais plus l'occasion de rencontrer le professeur, et son enquête concernant l'étoile de Bethléem m'intéressait fort peu; mais il faut croire que des causes secrètes tendaient à nous rapprocher de nouveau. A notre insu, de nombreux facteurs tourbillonnent autour de nous et déterminent les incidents qui parsèment notre vie. Je revis l'occultiste autrichien à Adyar, près de Madras, alors que je résidais dans le magnifique domaine de la Société théosophique.

Le professeur avait-il oublié son étoile, s'était-il désintéressé de son sort? J'en eus tout d'abord l'impression.

Après avoir échangé quelques banalités sur nos activités, depuis nos conversations de l'hiver précédent, Herr Grundwald me demanda abruptement :

« Croyez-vous à la possibilité de créer un être vivant?

– Comment l'entendez-vous? dis-je, passablement abasourdie par l'étrangeté de la question.

– Créer. Reproduire l'acte de la création originelle, celui dont on parle dans la Genèse.

– La création d'Adam! » m'écriai-je.

Cette nouvelle marotte dépassait encore celle de l'étoile des Mages.

« Oui », acquiesça-t-il, calmement.

Je rappelai à moi mes souvenirs concernant les homuncules prétendument fabriqués dans des bouteilles par des alchimistes du Moyen Age. Ces sorciers, semblait-il, n'avaient pas été capables d'extraire leurs créatures des bouteilles où ils étaient nés, et de les lancer dans le monde en tant qu'hommes véritables.

Quoi qu'il en fût des « homunculus » en bouteilles, ils

ne paraissaient pas intéresser le professeur Grundwald. Il écarta le sujet d'un geste bref, qui balayait une telle fantaisie.

« Des occultistes juifs ont créé des *golems,* me dit-il. Ils les ont créés en copiant le geste de la création. Ce geste était d'ailleurs, lui-même, copié sur des procédés occultes auxquels Moïse avait été initié par les Égyptiens.

« La description de la création d'Adam, dans la *Genèse,* est la matérialisation grossière d'un fait dont l'auteur du récit ne croyait pouvoir faire comprendre le mécanisme subtil par ceux à qui il s'adressait. Cependant, se servant de ce geste comme point d'appui pour concentrer sur lui des forces secrètes, certains occultistes ont réussi l'acte créateur... Réussi partiellement, seulement, car leurs créatures, physiquement achevées, ne l'étaient point mentalement... La raison... le discernement leur manquait, bien qu'ils paraissent avoir été doués, jusqu'à un certain point, de réflexion et même de prévoyance. Ils ne manquaient pas entièrement non plus de la conscience de leur individualité. Cette conscience tendait à se fortifier avec le temps, et il en résultait chez ces pseudo-hommes un attachement toujours croissant à leur état d'hommes vivants, qu'ils pressentaient précaire et pour la préservation duquel ils s'apprêtaient à lutter.

« Ils arrivaient, ainsi, à effrayer leurs créateurs qui, les sentant sur le point de s'affranchir de leur contrôle, les détruisaient, alors qu'ils en avaient encore le pouvoir.

« Que serait-il advenu si les *golems,* cités dans les récits juifs, avaient été laissés libres de poursuivre leur carrière?... Le risque était grand... il était mortel... »

Herr Grundwald demeurait silencieux. La vision des conséquences effroyables dues à l'émancipation de robots à travers le monde se présentait, sans doute, à son esprit. Comme pour accompagner sa méditation, un vacarme discordant de gongs et de conques s'éleva d'un petit temple voisin, où le brahmane pûjari célébrait l'arati vespéral en l'honneur de Çiva. Deux Indiens qui passaient près du banian s'arrêtèrent, mains jointes, dévotieusement. Poliment, je me levai et les imitai. Nous étions aux Indes... loin des rêveries de ghetto concernant la création, à l'instar de Jehovah, de nouveaux Adams.

Le tintamarre sacré s'éteignit, un moment de silence recueilli s'écoula, puis le professeur reprit le fil de son discours.

« Des gnostiques juifs, dit-il, ont conçu l'idée que le Créateur dont parle Moïse n'était qu'une émanation secondaire de l'Être en soi. « Celui qui n'a pas de nom. » Pas de nom, parce qu'un nom est une désignation, une sorte de limitation, et que l'Être des êtres est sans limite.

« Ce dieu de second ordre tenta d'organiser le chaos primordial, il manquait d'intelligence, il l'organisa mal. »

Herr Grundwald s'interrompit pour s'adresser directement à moi.

– Trouvez-vous que le monde soit parfait? me demanda-t-il.

– La faiblesse de nos sens ne permet à chacun de nous que de prendre conscience d'une partie bien minime du monde, répondis-je. Celle qui m'est apparue est un assez triste tableau. J'y cherche en vain la perfection.

– Voilà! approuva le professeur. Le champ de nos perceptions est minuscule. Parler de l'univers est absurde pour nous. Bornons-nous à envisager notre terre. Dominant la terre, il y a l'homme. Est-il parfait?

– Décidément non », déclarai-je, sans hésiter.

Le professeur hocha la tête en signe d'approbation.

« C'est ce qu'avaient compris ces anciens gnostiques hébreux et, puisque Adam était une créature ratée, ils ont rêvé de refaire sa création, et de donner à la terre un maître meilleur. »

J'étais habituée aux divagations des confrères occultistes du docteur Grundwald, j'accueillis donc sans broncher la révélation singulière d'une nouvelle création du monde en préparation.

« L'exécution de ce projet dépassait-elle les forces de

ceux qui l'avaient conçu? continua le professeur. Qu'en sait-on?... Ce qui est certain, c'est que, vers le XVIIe siècle, certains occultistes eurent, eux aussi, l'idée d'une création mais leur puissance de conception n'était pas à la hauteur de leur savoir. Loin de vouloir refaire de façon plus parfaite la création d'Adam, ils ne songèrent qu'à la copier, avec l'aide de son créateur originel; le Javeh de Moïse.

« Au sujet de ces créations, j'ai recueilli quantité d'informations dans les pays de l'est de l'Europe. Toutes paraissent coïncider quant aux méthodes employées.

« Une effigie humaine devait être façonnée en terre pour rappeler la confection d'Adam par Javeh. Cette effigie serait restée inerte, comme nos statues, si ces créateurs n'avaient pas connu le moyen de l'animer. Ils le faisaient à l'aide d'une combinaison des lettres composant le nom de Javeh. Le secret de cette combinaison est donné, de façon voilée, dans le livre de *Jézirah.* Il fallait aussi fixer sur le front de l'effigie un parchemin sur lequel le nom divin était inscrit. Il avait le pouvoir d'animer l'effigie, elle accomplissait alors des actes d'être humain; mais elle était à peu près dénuée d'intelligence et ne pouvait qu'effectuer des actes sur commande. »

L'érudit professeur, qui avait sérieusement étudié son sujet, me cita alors dates et noms à l'appui de plusieurs cas de créations de *golems,* entre le XIe et le XVIIIe siècle.

Rabbins et philosophes occultistes défilèrent : Rabbi Shed, Salomon ben Gabirol, Abraham Ibn Esra, Rabbi Elijahu de Chelm, Rabbi David Jaffa, et bien d'autres.

Plus tard, à la suite de mon séjour à Prague, m'étant intéressée aux légendes concernant les *golems,* je pus vérifier les détails donnés par Herr Grundwald : ils étaient exacts.

Je fis alors connaissance du plus célèbre des *golems,* celui créé par le rabin Loew. Il m'arriva de me trouver dans cette Altneushule synagogue où, en l'an 5340 du calendrier israélite (1580), ce *golem* avait, pendant plusieurs années, vécu sous le nom de Joseph et rempli les fonctions complexes de domestique et de défenseur des Juifs. Trompant la surveillance du gardien de la synagogue, j'eus même l'audace d'écarter la cordelette de soie qui barrait l'accès de l'antique fauteuil où s'asseyait le rabbin Loew, pendant les offices, et de m'y asseoir pendant un moment.

Mais tout cela devait se passer beaucoup plus tard. Pour le moment, j'étais au pays des banians, en train de converser avec cette espèce de docteur Faust qu'était Herr Grundwald.

La légende place la création du *golem* par le rabbin Loew, en 1580. A cette date, l'Inquisition traquait les Juifs et les accusait fréquemment de meurtres rituels.

Inspiré par un oracle, le rabbin Loew conçut le projet de fabriquer un robot (un *golem*) qui protégerait les Juifs, en découvrant et en faisant avorter les complots tramés contre eux. Ce *golem* pourrait, en certaines circonstances, se rendre invisible; sa force excéderait celle des hommes les plus vigoureux et, naturellement, étant robot, il n'aurait besoin ni de manger, ni de boire, ni de dormir et ne serait sujet à aucune maladie. Son obéissance absolue aux ordres que son créateur lui donnerait serait assurée par son manque d'intelligence et son absence de volonté propre.

La création de ce *golem* nous est racontée comme suit :

Le rabbin requit l'assistance de deux collègues initiés, comme lui, aux doctrines ésotériques, du « Livre de la Création » (le *Jézirah*). Ensemble, ils façonnèrent nuitamment et dans le plus grand secret une statue d'argile, et lui donnèrent la forme d'un homme. L'un après l'autre, les deux acolytes du rabbin firent le tour de la statue inerte sur le sol. L'un tournant vers la gauche et l'autre vers la droite : chacun d'eux accompagnant ses pas de la récitation de formules magiques communiquées par Loew. Le sang, tout d'abord, commença à circuler dans l'effigie, puis il lui poussa des cheveux et des ongles, mais elle demeurait immobile. Alors, le rabbin lui mit dans la bouche un parchemin sur lequel était inscrit le nom divin, le nom de l'Éternel, et il récita avec ses deux aides ce texte de la *Genèse* (II, 7) : « Il souffla dans ses narines une respiration de vie et l'homme devint un être vivant. » Aussitôt le *golem* ouvrit les yeux et regarda autour de lui. Le rabbin lui commanda de se lever, et il se leva.

D'après la tradition des Juifs de l'Europe orientale, l'existence de ce robot semble avoir été d'assez longue durée. Il est dit que Loew, n'ayant plus besoin de ses services, le supprima en renouvelant, à rebours, l'opération qui lui avait donné la vie.

Loew n'a jamais paru craindre que sa créature se retourne contre lui, comme le redoutèrent plusieurs autres créateurs, dont les robots croissaient démesurément et se montraient menaçants. Pour les détruire, il fallait arracher le parchemin portant le nom divin fixé à leur front, ce qui ne se faisait pas sans difficulté. A moins que son créateur ne parvînt à le lui enlever, par ruse, une lutte redoutable s'engageait car le robot s'acharnait à conserver sa vie. Le professeur Grundwald prétendait que l'issue de certaines de ces luttes avait été fatale aux occultistes-créateurs. Pour ma part, je n'en ai pas trouvé d'exemples dans la documentation que j'ai recueillie, cependant la plupart des occultistes que j'ai consultés au sujet des *golems* croyaient ce drame concevable.

Dans un intéressant ouvrage consacré aux cas de quelques *golems* [1], il est raconté que le *golem* créé par le rabbin Elijahu Baal-Schem (1583) croissait de façon extraordinaire en force et en grandeur. Le rabbin en fut effrayé, et chercha à lui arracher le parchemin portant le nom divin, le *golem* résista violemment et, comme le rabbin réussissait à reprendre le parchemin, il lui porta, au visage, un coup qui le blessa profondément.

1 *Le Golem, légendes du Ghetto de Prague,* par Chajim Bloch

Une autre légende parle d'un *golem* qui, au moment où il fut détruit par son créateur, s'écroula sur lui et l'écrasa sous son poids.

Le nombre de ces histoires est considérable, et elles répètent toutes leur thème principal.

Le professeur Grundwald croyait-il à l'authenticité des faits extravagants ainsi décrits?... Il ne se prononçait pas de façon catégorique. Les détails pouvaient avoir été brodés autour d'événements réels qu'ils dénaturaient jusqu'à les rendre invraisemblables, mais n'existait-il pas un fond de vérité sous cet enchevêtrement de folklore?... C'était à cette hypothèse que s'arrêtait le professeur, et je devinais dans quel sens il penchait. Il en vint, du reste, à m'éclairer sur son opinion.

« La création d'Adam est un mythe, me dit-il, un mythe symbolisant la possibilité humaine du geste créateur – idée ancrée dans l'esprit de l'homme. Que peut-il créer? De quelle façon une création peut-elle se réaliser? Le problème est là. Ces occultistes juifs dominés par leurs croyances religieuses ne concevaient rien de mieux que d'imiter leur Dieu. Il était déjà hardi de leur part de penser qu'ils étaient capables de l'égaler... peut-être de réussir mieux que lui, mais, en somme, leur conception était enfantine. S'ils ont jamais créé quelque chose, ce n'était point par l'effet d'un parchemin collé sur le front de leur poupée d'argile, c'était par une force qui s'était déclenchée et agissait à leur insu.

« Il y a là quelque chose... quelque chose... quelque chose à tenter. »

Herr Grundwald se perdit ensuite dans ses rêveries et ses derniers mots me donnaient à penser qu'il projetait des essais de création.

L'envie me vint de lui parler des *tulpas* qui jouent un si grand rôle dans la littérature, le folklore et les théories occultes du Tibet. Les *tulpas* sont de pures émanations de la pensée qui revêtent des formes matérielles sans avoir eu besoin de s'appuyer sur un support matériel, tel que la fabrication d'une statue d'argile. Si le professeur Grundwald avait cru que le récit de ses recherches concernant, au XVe siècle, les créations de *golems* faits de boue aurait de quoi m'émerveiller, il se trompait. Ne pouvais-je pas opposer aux robots presque mythiques de ses rabbins-occultistes la création toute contemporaine, effectuée par moi, d'un *tulpa* fait de la seule matière subtile de mes pensées, qui fut constatée par témoins [1]? Mais je me refusai à l'accabler et à fournir un nouvel aliment à ses divagations.

Il arrêta d'ailleurs, lui-même, toutes mes velléités.

Depuis que nous nous étions retrouvés sous un autre banian, j'avais presque oublié l'étoile de Bethléem, sujet des préoccupations du professeur au cours de l'hiver précédent, et je croyais que lui-même, chevauchant d'autres chimères, ne s'en souciait plus. Or, je me trompais : Herr Grundwald n'avait pas oublié l'étoile qui *s'était arrêtée* et qui ne se trouvait nulle part.

Il y revenait à propos des *golems*. Il y revenait en répétant la question initiale qui nous avait amenés à eux, mais il la modifiait, se faisant fort d'un assentiment que je n'avais *pas* donné.

« Alors, dit-il, vous croyez à la possibilité d'une création analogue, en certains points, à celle de ces *golems*, avec un objet matériel comme support de la pensée, qui reste, elle, la réelle créatrice. Donc, nous pouvons concevoir que l'étoile de Bethléem, que nous ne pouvons retrouver, était un *golem* que son créateur a supprimé parce qu'il était devenu inutile... Reste à savoir qui était ce créateur?... Pourquoi il intervenait dans les desseins divins concernant l'Enfant né à Bethléem, et de quel support matériel il avait pu se servir pour créer ce robot-étoile? Autant de problèmes à résoudre... Je songe à m'en occuper. Il n'y a rien dans les phénomènes qui nous sont perceptibles, dans leurs causes et dans leur mécanisme, qui ne puisse

1. Voir A. David-Neel, *Mystiques et magiciens du Tibet*. Plon, p. 299 et Presses Pocket (n° 1921).

être découvert par l'esprit humain. Je retourne à Bethléem. »

Ainsi prit fin notre dernier entretien sous le banian impassible qui avait dû entendre tant de propos fantastiques dans cet aimable et quelque peu ensorcelant séjour qu'était le domaine d'Adyar.

Herr Grundwald s'éloignait, mince, très droit, très grand, très blond : figure d'archange ou de dieu issu de la mythologie germanique. Sa démarche était assurée, hardie; on le devinait animé d'une volonté puissante, et certain d'être de taille à affronter ces mystères, et à en forcer l'accès.

Je l'admire, lui, et tous les autres hallucinés, ses pairs, qui sont aussi partis vers des buts insensés, et ont inconsciemment glané au cours de leurs voyages absurdes nombre des connaissances dont nous vivons aujourd'hui.

V

LES brumes nordiques ne détiennent pas le privilège d'inspirer des conceptions fantastiques et de susciter des hérauts pour les proclamer. Mages, prophètes, docteurs ès sciences occultes ne paraissent pas redouter les rayons scrutateurs du soleil, ils ont pullulé dans les pays méridionaux, où on les retrouve traînant à leur suite le troupeau habituel des esprits débiles qui, frustrés par la vie parce qu'ils ont manqué de la vigueur nécessaire pour la contraindre, rêvent d'évasion... d'évasion en groupes dirigés par un guide à la manière des voyages collectifs organisés par les agences Cook ou autres.

Il ne faut pas considérer tous ces conducteurs d'extravagantes caravanes comme de vulgaires mystificateurs ou de pittoresques charlatans. Mystificateurs, ils l'ont tous été à des degrés divers mais, parmi eux, se sont trouvés des hommes ne manquant ni de talent ni d'une certaine érudition.

Au nombre de ces derniers figure Joséphin Péladan. Né à Lyon en 1858, il était, en fait, méridional par ses origines, et presque toute sa jeunesse se passa en Provence.

Il débuta comme écrivain par un roman intitulé *Le Vice suprême,* pour lequel Barbey d'Aurevilly écrivit une préface hautement élogieuse, saluant en l'auteur un écrivain original et puissant promis au plus brillant avenir. Que Péladan sût manier la plume élégamment est indéniable, mais que le sujet de son roman soit puissant et très original est discutable. Nous n'avons d'ailleurs pas à envisager ce point : il sort de notre sujet. Ce que nous pouvons retenir, c'est la tendance déjà manifeste de l'auteur à une vanité curieusement puérile. Les personnages de son livre, comme la plupart de ceux des ouvrages qui lui firent suite, sont tous ducs, marquis, pour le moins comtes, quand ils ne sont pas princes du sang. Tous ces gens marquent un dédain profond pour la roture, surtout pour celle qui s'est enrichie et s'est assurée une place importante dans le monde. Leur mépris, sous lequel ils dissimulent mal une haine née de la jalousie, s'étend à tout ce qui appartient à la société moderne, surtout au gouvernement démocratique qui les a réduits à la situation de simples citoyens-électeurs.

Bien que les héros des livres de Péladan se proclament catholiques, ils se montrent sévères pour l'Église de Rome et pour son pape qui, d'après eux, ont perdu le sens des nobles traditions ésotériques et magiques dont ils sont issus.

Écoutons, d'ailleurs, Péladan lui-même :

« L'Église, écrit-il, a une infériorité sur les sacerdoces anciens; depuis deux siècles, le clergé est laïque, profane, libre penseur.

« Quant aux écrivains religieux, leur pathos redondant et leur lâche conduite les désignent au mépris du lettré et de l'artiste [1].

« Le clergé actuel ne présente plus de valeur cérébrale, les évêques y veillent; ainsi réduits à un rôle de notaires sacramentels, on leur permet la sainteté, mais non la science; n'accusons donc pas le curé ou le chanoine, n'accusons personne et tâchons de remédier au malheur des temps et à l'imperfection des clercs.

« L'Église est devenue le boulevard de la vulgarité et de la niaiserie. »

1. Péladan écrit *ariste* au lieu d'*artiste*.

Ceux qui appartiennent à l'Église romaine (celle que critique Péladan) pourront apprécier à leur gré le bien-fondé de ses observations. Lui, Péladan, s'est décidé : il faut, soit aider l'Église à se réformer, si elle y consent, soit lui substituer une organisation valable.

« Que l'Église nous envoie des hommes à notre taille, ou qu'elle souffre nos propres efforts pour remédier à son insuffisance. »

Le pape n'a pas jugé opportun d'appeler Péladan auprès de lui pour l'assister en tant que « conseiller du Saint-Siège », mais Péladan suppléera à l'aveuglement regrettable, dit-il, du pontife. Il sera, devant les hommes, pareil à ces pierres indicatrices qui jalonnent les routes. Cette pierre humaine portera, inscrites, les mentions :

« Route de l'Infini » – « Marche de l'Idéal ».

« J'éveille et j'indique, écrit-il, au tournant de la voie qui sépare l'inconscient de la volonté, aux libres penseurs la voie qui mène à Rome, aux Romains [1] la voie qui mène au Beau. »

Donc, lui, Péladan, assumera la charge que l'Eglise, qui ne se soucie pas de lui, ne se décide pas à lui confier. Il fondera un ordre qui sera plus réellement spiritualiste et chrétien qu'elle, mais qui restera pourtant attaché à sa forme extérieure, donnant à ses dogmes et à ses rites des significations ésotériques à l'usage des hommes d'intelligence supérieure : artistes géniaux ou penseurs transcendants qui, seuls, seront admis dans cette fraternité des élites.

Quel ordre fonder?... Restaurer un ordre ancien auréolé par des légendes confinant au mythe, ne sera-t-il pas mieux? Certes, l'effet sera plus spectaculaire, plus puissant, il aurait plus de beauté aussi. La Beauté : Péladan ne cesse d'en parler et il la conçoit à sa manière, en méridional amoureux des couleurs intenses, des ciels trop lumineux.

1. C'est-à-dire aux catholiques.

Péladan ressuscitera l'ordre de la Rose-Croix du Temple et du Graal, rêvant aux pompes des cérémonies qu'il voudrait voir se dérouler devant lui et au cours desquels il officierait car, évidemment, il en sera le Grand maître.

Oui, « Grand maître », mais c'est là un titre français, tout le monde le comprend... tout le monde, ce qui est fâcheux... Les « initiés » s'attendent à autre chose. Péladan sera donc *sâr,* ressuscitant le titre antique porté par les mages de Chaldée et d'Assyrie; il empruntera, aussi, un nom de planète pour s'en faire un prénom plus flatteur que celui de Joséphin. Dorénavant, il sera le sâr Mérodak [1] Péladan.

Pourquoi cette mascarade? D'après son œuvre littéraire, il semble que Péladan eût pu s'en passer. A la différence de nombre de charlatans, il était cultivé. On pouvait discuter sa connaissance de l'hébreu, peut-être même sa connaissance parfaite du grec et, surtout, sa compétence en matière d'assyriologie, mais son œuvre principale *l'Amphithéâtre des Sciences mortes,* contient nombre de remarques judicieuses et de considérations élevées. Elles s'y trouvent malheureusement mêlées à des déclarations ampoulées, à base de notions scientifiques ou sociales périmées et erronées.

Quand il m'advint de côtoyer, le long de ma route, le petit groupe des dévôts du *sâr,* ceux-ci ne représentaient guère qu'une coterie de snobs visant à se distinguer du vulgaire en « prenant des airs ». Sous la direction spirituelle du *sâr* Péladan, Grand maître de la Rose-Croix du Temple, l'on pouvait aspirer à devenir mage ou, tout au moins, à être nommé « commandeur de Geburah en T. de R. C. », comme le fut le comte de Larmandie, un intime du *sâr,* à qui je suis redevable d'une grande partie des détails que j'ai pu réunir sur ce sujet.

Une lettre de Péladan au comte de Larmandie donnera une idée du ton qui régnait parmi les « initiés » du Temple :

1. Mérodak est le nom de la planète Jupiter.

Le Sâr Péladan Grand Maître
du
Temple de la Rose-Croix

à son amé et féal
Comte Léonce de Larmandie
Commandeur de Geburah en T. de R. C.

Salut et Louange
En Jésus seul Dieu et en Pierre seul roi

Très amé et admirable Pair

Le glorieux symbole de la Rose-Croix, sali longtemps par le crétinisme franc-maçonnique, reparaît pour la première fois depuis de longs siècles [1] dans sa splendeur expressive des adhésions individualistes à l'Abstrait catholique romain...

. . . .

A l'exemple du suprême dédain pour le succès qui s'achète en bassesse, que donna Jules Barbey d'Aurevilly, nous avons ajouté une volonté de groupement qui créera bientôt un tiers ordre imprévu entre le siècle qui pourrit et Rome qui n'ose pas : le tiers ordre intellectuel.

. . . .

La hiérarchie implacable restaurée par nous, m'obligerait à déclarer que rien dans *Eoraka* [2] n'était contraire ni à l'orthodoxie catholique, ni à l'orthodoxie magique.

1. En parlant de longs siècles, Péladan faisait probablement allusion à l'ordre des Templiers, qui débuta en 1118 sur l'initiative de Hugues de Payns (ou de Payens). D'ailleurs, il revendiquait une filiation spirituelle de celui-ci par le médium de son père affilié, disait-il, à la Néo-Templerie des Genoudes. Il se disait aussi fils spirituel de Rosenkreutz. Rappelons qu'une secte de Rosicruciens hermétistes, alchimistes, etc. qui prétendait posséder des pouvoirs supra-normaux, existait en Allemagne au XVIIe siècle. – Jacques Molay, le dernier Grand maître des templiers, fut brûlé vif à Paris, en 1313.
2. Un livre du comte de Larmandie dans lequel il est beaucoup parlé d'esprits frappeurs, qui troublaient la quiétude de sa maison paternelle. La lettre citée ci-dessus servait de préface à ce livre.

Mais je ne saurais ni vous écrire sans amitié, ni vous nommer sans admiration, fût-ce pour une rigidité décorative.

Je n'approuve, mon amé pair, j'applaudis, j'exulte à vos pages formidables, à vos belles et saintes violences, à tout ce feu qui est votre entité.

Vous seriez celui à qui je voudrais donner le drapeau de la double Croix, le jour de la bataille. Soyez celui qui porte la Rose-Croix à son premier pas dans la lumière.

En vos fortes et loyales mains, il flottera plus haut, l'étendard noir et blanc!

Et recevez, amé comte et noble commandeur, l'accolade de votre frère en le T. de R. C.

Ad crucem per Rosam ad Rosam per crucem, in ea, in eis gemmatus resurgam.

Le Sâr Péladan.

Donné à Paris, ce saint jour de la Pentecôte 1891.

Léonce de Larmandie, à qui ces prétentieuses grandiloquences s'adressaient, était un homme extrêmement aimable. Certains membres de la Société des Gens de Lettres se souviendront peut-être de lui, car il était des leurs. Comment s'était-il entiché de Péladan, je ne l'ai jamais bien compris. Le tour emphatique de son style, le ton méprisant de ses livres à l'égard des manants, ses grossièretés de langage en parlant des francs-maçons, des hommes politiques républicains, des juifs et des protestants, il les avait empruntés au *sâr* qu'il s'efforçait de copier. Foncièrement, de Larmandie était très simple et d'une naïveté qui le portait, parfois, à des initiatives bien propres à faire enrager son maître en la Rose-Croix, s'il advenait qu'il les découvrît.

C'est ainsi qu'il me convia, un jour, à inspecter le vestiaire rosicrucien.

Il était d'une incroyable cocasserie! Suspendue dans un vaste placard s'étalait la plus lamentable collection d'oripeaux en calicot que l'on puisse imaginer à l'usage d'une troupe théâtrale de forains pauvres.

Le *sâr* avait, en effet, édicté un code vestimentaire en même temps que le formulaire des cérémonies initiatiques qu'il projetait.

Il devait y avoir une robe rose et noire portée par les artistes, la robe blanche à croix rouge copiée sur l'uniforme des anciens templiers, et une robe bleue attribuée aux dévôts du Graal.

Je ne pus, évidemment pas, procéder à un examen minutieux des hardes qui étaient proposées à mon admiration. Celles-ci correspondaient-elles aux règles que j'avais entendu énoncer? Il était difficile d'en juger à première vue, à cause de la quantité d'insignes de toutes formes et de toutes dimensions, les uns de couleurs vives, les autres dorés, accrochés aux robes et destinés à honorer ceux qui les revêtiraient.

Les hommes, à quelque pays qu'ils appartiennent, peuvent difficilement se décider à abandonner leurs jeux d'enfants, et à renoncer à se déguiser. Des Églises qui vêtent leurs dignitaires de draps d'or et les parent de joyaux jusqu'aux plus humbles des sectes cultivant un occultisme puéril, l'amour des manifestations carnavalesques sévit avec la même force. Je connais, au moment où j'écris, une confrérie constituée par quelques douzaines de pauvres gens – en majeure partie des femmes – sans grande éducation, ou même presque complètement illettrés, qui prétendent avoir accès – par voie d'intuition – aux enseignements ésotériques dispensés jadis dans les temples égyptiens. Lorsqu'ils se réunissent, ces confrères, hommes et femmes, revêtent d'amples robes traînantes, dont les couleurs, verte, mauve, rouge ou blanche, indiquent le grade, en l'ordre, de ceux qui les portent. Tous sont coiffés de bonnets représentant une tête de sphinx et, déguisés de la sorte, ils se livrent à des évolutions dessinant des figures géométriques. Ce ballet s'exécute dans un silence coupé, de temps en temps, par l'éjaculation de syllabes incompréhensibles, tenues pour appartenir au plus archaïque des langages de l'Égypte. Celles-ci passent pour émettre, dans l'endroit où elles sont proférées, des vibrations qui opèrent des transformations incommensurables dans le « supra-mental » des participants à l'exercice.

Ces détails furent donnés, devant moi, chez une de mes amies, par une brave femme qui, chaque matin, vient nettoyer son appartement, et qui appartient à la fraternité du Sphinx ésotérique.

Je me renseignai, par la suite, au sujet de cette association et les informations que je recueillis confirmèrent les dires de la femme de ménage initiée aux mystères de l'Égypte des pharaons.

L'on serait tenté de croire que, seuls, des oisifs aisés se permettent le luxe de divagations dans le domaine de l'occulte. Il n'en est rien. L'attrait des doctrines dites ésotériques et des rites singuliers sévit aussi dans les couches inférieures de notre hiérarchie sociale, parmi des individus qui ne se résignent pas à l'obscurité de leur condition et y cherchent des dédommagements qui leur donnent l'illusion de jouer un rôle dans « l'harmonie cosmique ». Dans le tréfonds de leur subconscient dorment parfois, chez ces simples, des tendances érotico-mystiques analogues à celles dénoncées par certains auteurs du Moyen Age.

Il m'a été rapporté qu'une propriété, située dans les environs de Paris, abritait de temps en temps des réunions nocturnes dans lesquelles se célébrait, à grand renfort de psalmodies et d'encens, un culte de la Femme, le rite s'achevant, le plus vulgairement du monde, par une promiscuité d'embrassements.

Parmi les fidèles de ces assemblées, l'on mentionnait le garçon livreur d'un grand magasin et un employé de banque avec leurs épouses respectives.

L'entourage du *sâr* se recrutait loin de cette plèbe et, plutôt, parmi une élite intellectuelle – intellectuel n'étant pas toujours synonyme d'intelligent.

Malgré l'insistance de Péladan à exalter la chasteté et à y exhorter ses néo-templiers, il ne passait pas pour vivre en ascète et, parmi ses disciples, certains se targuaient d'être pervers. Pure fanfaronnade de leur part, disaient ceux qui les connaissaient, blague de rapins désirant épater les bourgeois.

A l'exception du comte de Larmandic, je n'ai vraiment approché que quelques rares disciples du *sâr,* mais bien que je ne fusse aucunement experte en matière de perversité, je ne décelai rien en eux que de parfaitement conforme à la morale courante.

Fallait-il prendre au sérieux certaines imaginations littéraires, plus ou moins bizarres, figurant dans les ouvrages de quelques membres des cénacles rosicruciens, et que des critiques malicieux auraient pu considérer comme insérées là en guise d'appeau?

Dans un de ces livres, on relevait le singulier exemple de « perversité » que voici :

« Une femme est étendue sur un divan, sa tête repose sur les genoux du héros de l'histoire. Celui-ci a écarté les lèvres de la femme et il pianote (sic) sur ses dents. Cet exercice lui donne la sensation d'une possession complète... »

Le *sâr* lui-même décrit la scène suivante dans un de ses livres. Dans ce roman figure un certain Nébo (nom assyrien de la planète Mercure). Il a donné rendez-vous chez lui à une jeune fille appartenant à la haute société; naturellement, elle est vierge, mais s'attend à cesser de l'être. Selon la conception esthétique de Nébo, cette transformation doit s'entourer de rites qui lui enlèveront tout caractère banal.

L'héroïne est laissée seule dans une chambre où elle se déshabillera en face d'une haute glace. Il nous est dit que, ses vêtements tombés, elle se voit en chemise et se trouve impudique dans ce simple appareil : nue, elle sera chaste.

La chemise tombe et la toilette commence. Une étonnante parure toute en pierreries est disposée près d'un dessin indiquant la manière de la revêtir. Du collier descendent deux fils dorés terminés par des perles qui doivent orner les bouts des seins; la ceinture est un pagne rutilant d'où tombent des pendeloques : « sur le nombril un rubis et, plus bas, un diamant », nous dit le texte.

Nudité scintillante, la jeune fille est introduite dans la pièce voisine. Là, une couche faite de pétales de roses est préparée à son intention. Elle s'y étend, mais voici qu'un peu tardivement l'idée de se trouver ainsi dévêtue la gêne. Ramassant à pleines mains les pétales parfumés, elle les répand sur elle. Ce geste choque le célébrant du rite comme une manifestation de pudeur vulgaire et, sur un signe de lui, « l'admirable jeune fille » (sic) balaie les pétales répandus sur son corps.

Maintenant, nous voyons Nébo debout devant elle; il est « nu, pâle, infiniment désirable » (sic). Il psalmodie des vers sublimes en balançant un encensoir.

Le culte se prolonge, il dure. Des heures s'écoulent; enfin le moment de l'action arrive, mais ce trop long cérémonial a fatigué Nébo. Il doit l'avouer à la victime qui attend sur son lit de roses.

« Revenez demain », lui dit-il.

Et la jeune fille de répondre, d'un ton que nous pouvons imaginer dubitatif :

« Peut-être. »

Quelques faits encore, et j'en aurai fini avec Péladan.

Il a écrit deux volumes, dont l'un s'intitule : *Comment on devient Mage* et le second, destiné aux femmes : *Comment on devient Fée.* Parmi ceux qui composaient le troupeau de Péladan, combien y en eut-il qui tentèrent de devenir mage d'après les formules du maître? Je n'en sais rien, mais j'ai connu plusieurs femmes qui essayèrent de devenir fée. L'une d'elles, particulièrement, s'y appliquait avec une évidente et tenace volonté.

Je l'avais rencontrée bien avant qu'elle n'eût été affiliée comme « servante » à l'ordre fondé par le *sâr*. Les femmes ne pouvaient aspirer à s'y élever au-dessus de l'initiation. Péladan affichait un mépris extraordinaire du sexe féminin.

A l'époque où je fis sa connaissance, Mlle S. suivait un cours de littérature auquel j'assistais aussi. Elle était généralement accompagnée par un grand jeune homme au maintien solennel, qu'elle épousa par la suite. Son mari, M. N., écrivain, journaliste et belge, comme elle, était devenu l'un des fervents du *sâr*. Ils m'invitèrent un jour chez eux à une réunion que Péladan devait présider. C'est là que je fus témoin des essais bizarres de la maîtresse du logis, s'exerçant à une légèreté de sylphide, suivant la recette de l'auteur de *Comment on devient Fée*. Cela consistait à manifester une légèreté excessive de démarche, une légèreté supra-humaine de papillon se posant sur les fleurs; les pieds, en marchant, devaient à peine effleurer le sol, en attendant sans doute qu'ils puissent s'en dispenser et laisser le corps, libéré de sa pesanteur, flotter dans les airs. Les mains obligées de saisir des objets devaient, de même, paraître ne pas les toucher et les tenir seulement par l'effet de quelque aimant magique supprimant le contact direct. Combien de porcelaines ont dû faire les frais de cet apprentissage, me demandais-je, en regardant Mme N., grande et plantureuse Flamande, offrir des tasses de thé à ses hôtes tout en sautillant, les bras tendus, afin de figurer des ailes.

Quel but spirituel poursuivait-elle en pratiquant cet absurde entraînement? Aucun, probablement. En dépit des grandiloquences littéraires du *sâr*, de sa prétention de suppléer aux religions « décadentes » et de créer un monde nouveau fait de Beauté et d'Amour transcendant, la véritable spiritualité était absente des cénacles où il trônait.

Par contre, le vaudeville de Péladan et de ses comparses se déroulait dans une atmosphère burlesque.

Littérateur de talent, Péladan avait voulu être, encore, auteur dramatique. Le nom de deux de ses pièces est resté dans ma mémoire : *Babylone*, et *le Fils de l'Étoile*. Je n'ai pas eu l'occasion d'assister à leur représentation, mais je me suis trouvée sur la scène, un jour où l'on répétait une de ses œuvres. Laquelle? Je ne m'en souviens pas. Péladan était parti, de Larmandie seul, les coudes appuyés sur une petite table, avait l'air accablé. Je m'assis en silence dans un fauteuil en face de lui, pensant qu'il réfléchissait à certains problèmes concernant la mise en scène ou les représentations.

« C'est lugubre, ici, laissai-je échapper involontairement.

– Ah! répliqua de Larmandie subitement rappelé à la réalité, vous avez senti les vibrations. Le *sâr* se trouvait ici il n'y a qu'un instant, assis dans le fauteuil où vous êtes. Il était extrêmement découragé... Elle refuse de se mettre nue.

– Hein! m'exclamai-je. Qui?... De quoi s'agit-il?...

– C'est notre premier rôle, répondit de Larmandie. Il faut absolument qu'elle joue l'acte toute nue. Le sens de la pièce l'exige. Sans cela tout l'effet est perdu. »

A cette époque – avant 1900 – les artistes de music-hall et de cinéma ne nous avaient pas encore habitués aux exhibitions de nudité, qui sont devenues courantes depuis lors.

La dame qui refusait de dévoiler la totalité de ses charmes était une artiste en renom, mais j'étais affreusement choquée pour elle de l'idée de Péladan.

Cependant, le comte de Larmandie poursuivait son idée : « Une actrice... elle devrait comprendre... Comment nous en tirerons-nous?... Le *sâr* est désolé!... »

Je n'ai jamais su comment il s'en est tiré. Je ne fréquentais que de façon très intermittente ce monde bizarre de pseudo-occultistes et leurs diverses chapelles. Pour moi, la spiritualité était très loin des manifestations de bouffonne suffisance qui s'y étalaient.

Pourtant, quelques jours après mon entrevue avec le comte de Larmandie, le problème de la dame qui refusait de jouer toute nue me fut rappelé par la mère du *sâr*, une très excellente femme qu'il avait baptisée : la « douairière Péladan ».

Je l'avais rencontrée, ce jour-là, au sortir du magasin du Bon Marché et nous fîmes route ensemble.

« C'est incroyable! s'exclamait-elle. Une actrice!... Ne pas vouloir se montrer nue!... Mais est-ce que cela ne leur est pas tout naturel... ne leur est pas habituel... Le *sâr* est furieux... elle fera rater sa pièce... »

Et elle continuait sur ce ton. Puis, tout à coup :

« Savez-vous, me dit-elle, qu'un rajah de l'Inde veut lui expédier un navire entièrement chargé de tonneaux remplis d'or? Il (c'était le *sâr*) a refusé. Où pourrait-il loger tout cet or?... »

Et son « assent » donnait à cette énormité un comique irrésistible. Cet accent sonore qui fait danser les syllabes, dont toutes les lettres se prononcent; l'accent savoureux d'Arles et d'Avignon conférait une assurance indiscutable aux dires de la pittoresque Mme Péladan, promue douairière par la grâce de son fils Joséphin, devenu Mérodak et *sâr*.

« Où les logerait-il, tous ces tonneaux d'or?... »

Je me rendis mieux compte de la difficulté invoquée par Mme Péladan quand elle m'eut fait visiter le logis de son fils.

Bien rares ont été, je le crois, ceux qui ont pu jeter un coup d'œil sur cette chambre du n° 2 de la rue de Commailles.

« Je vais chez lui, il n'y est pas. Entrez donc un moment avec moi », m'avait dit la douairière.

Je n'avais eu garde de décliner cette invitation imprévue. Le logis de ce mage, déjà célèbre, qui ne parlait que de ducs et de marquis, et recevait des princesses voilées, venant solliciter ses faveurs, ne pouvait manquer d'être original et magnifique. Toutes les grandiloquentes descriptions des romans de Péladan me revenaient en tête.

Au rez-de-chaussée, après avoir franchi le seuil, il fallait prendre une porte à gauche dans le corridor, puis l'on pénétrait tout de suite, sans la moindre antichambre, dans une petite pièce éclairée par une seule fenêtre.

Un tapis râpé et très sale, jonché d'innombrables bouts de cigarettes, une table à écrire placée devant la fenêtre et couverte de papiers, une chaise devant la table, deux ou trois autres sièges dans la chambre. Dans un coin, un paravent et, derrière celui-ci, à même le tapis, deux ou trois couvertures étendues là en désordre : la couche du *sâr*.

C'était tout. Je demeurai sidérée. La brave Mme Péladan, tout à fait inconsciente de la bévue qu'elle avait commise en m'offrant le spectacle de cet envers des pompes littéraires du Grand maître de l'ordre rénové de la Rose-Croix du Temple et du Graal, continuait à parler de rajahs et de sultans qui voulaient renoncer à leurs royaumes pour les offrir à son fils.

Je pris congé en hâte craignant que Péladan ne revienne et que, voyant le secret de son repaire dévoilé à une étrangère, il n'entre en fureur contre la naïve « douairière ».

Tandis que je reprenais mon chemin, encore sous le coup de la stupéfaction, une idée saugrenue jaillit tout à coup dans mon esprit : Où donc Péladan se lavait-il?... La pauvre chambre que j'avais vue ne contenait ni lavabo ni cuvette, ni broc à eau, elle ne présentait aucune porte pouvant donner accès dans une salle de bains... Comment donc le *sâr* se lavait-il?...

Après la comédie, la tragédie. Des années passèrent, j'appris que Péladan s'était banalement marié en l'église Saint-Philippe-du-Roule, avec une riche veuve, mère d'un fils déjà grand et cousine du comte de Larmandie. L'on me dit que la mariée avait revêtu, pour la cérémonie, un manteau de cour de velours noir doublé de satin rose dont son fils portait la traîne.

Puis je repartis pour l'Orient. Quand je revins, la femme de Péladan avait divorcé. Le comte de Larmandie me raconta que c'était lui qui avait conseillé à sa cousine d'épouser le *sâr* et qu'elle n'avait pas tardé à s'en repentir. Il était tyrannique, intéressé matériellement et ses extravagances côtoyaient la folie.

Par exemple, il lui arrivait de s'adresser brusquement à sa femme, à table, en déclarant :

« Goûtez d'abord ce vin, madame; il est empoisonné. »

Ces façons mélodramatiques, jointes aux griefs déjà mentionnés, avaient exaspéré la dame, d'où le divorce et, avec l'épouse, disparurent aussi les capitaux qui assuraient le confort du *sâr*.

Il lui restait sa plume, son indéniable talent d'écrivain. Pouvait-il en tirer des ressources suffisantes?...

La dernière fois que je vis Péladan, ce fut au « Mercure de France ». C'était le « jour » de Rachilde, l'auteur bien connu, femme du directeur de la revue : Valette. Je causais dans le salon où se tenaient les dames, tandis que les hommes fumaient dans le cabinet de travail de Valette.

Ce dernier, qui savait que je connaissais le *sâr*, vint me trouver.

« Péladan est là, me dit-il. Voulez-vous le voir? »

De l'embrasure de la porte ouvrant sur le cabinet de travail, j'aperçus Péladan au milieu d'un groupe de visiteurs.

Plus de chevelure ébouriffée, de barbe taillée à la manière des mages sur les stèles assyriennes, plus rien d'un Mérodak, plus rien d'un *sâr Grand maître de la Rose-Croix du Temple et du Graal,* simplement M. Joséphin Péladan.

Péladan est mort à Neuilly-sur-Seine, près de Paris, le 27 juin 1918, âgé de soixante ans.

VI

Au soir de sa vie, le grand sage chinois, Lao-tseu, quitta la retraite où il avait vécu, pendant de nombreuses années, absorbé dans ses méditations, et se mit en route vers la frontière de l'Ouest. Il était seul. Il n'avait confié à personne le but de son voyage. Le gardien du dernier poste à l'extrémité de la Chine le vit s'éloigner à travers les sables du Gobi, et nul ne le revit ensuite.

De même, au soir de leur vie, les rishi, presque légendaires, rêvèrent que les Hindous quittaient leurs demeures parmi les plaines et s'enfonçaient dans les forêts vierges des Himalayas, en quête d'un mystérieux commerce avec les déités de ces hauts lieux, ou de contacts, encore plus secrets, inconnus des mortels.

Depuis des siècles, des voyageurs, cherchant des paradis de rêve, ont suivi les traces de ces antiques pèlerins. On les rencontre encore de nos jours, cheminant à travers les jungles ou les déserts de l'Asie centrale, mourant, exténués en cours de route, sans avoir entrevu leur but. Ou, s'ils l'ont parfois atteint, ils n'y ont pas trouvé de quoi rassasier leur faim spirituelle et reprennent leur course vaine, l'esprit hanté par de nouvelles chimères.

Enfin, certains ne reviennent jamais de cette poursuite mystique, ils disparaissent comme happés par le vide d'un mystère insondable, dans lequel ils se seraient dissous.

« James Murray Boston », portait la carte que me remit le boy. Je ne connaissais aucun James Murray, peut-être le visiteur se trompait-il, en s'adressant à moi. Quelques mots suffiraient à le lui faire comprendre. Deux Blancs qui se rencontrent en Asie se sentent toujours un peu unis par une instinctive solidarité de race. Je ne pouvais renvoyer ce « compatriote » : nous étions à Bénarès.

Après un minimum de préambule consacré aux formules obligatoires de politesse, M. Murray aborda immédiatement l'objet de sa visite.

« On m'a parlé de vos voyages au Tibet, me dit-il, et de votre parfaite connaissance des doctrines occultes de l'Inde et du Tibet.

– Parfaite connaissance, c'est beaucoup dire! répliquai-je. Je me suis intéressée à ces doctrines et les ai quelque peu étudiées. C'est tout.

– Votre compétence est beaucoup plus grande que cela, protesta mon visiteur. Je le tiens de source certaine.

– Et qui vous a renseigné de façon si fantaisiste? » demandai-je.

Murray me nomma un aimable pandit de ma connaissance. Comment cet Américain le connaissait-il? Il ne me laissa pas le temps de le questionner. Il était excité et visiblement pressé d'en venir au sujet qui l'avait amené.

« Pendant plusieurs années, dit-il, j'ai fréquenté un Indien établi en Amérique. Il avait été étudiant à Cambridge et, d'une certaine manière, s'y était anglicisé, mais depuis ses lointaines études en Angleterre, M. Singh était revenu aux Indes, où il avait séjourné pendant plus de dix ans.

« M. Singh était un philosophe érudit, il jouissait d'une assez large aisance et passait son temps à faire des recherches dans les bibliothèques, et à rédiger des notes chez lui. Je n'ai jamais osé le questionner quant aux sujets qui l'intéressaient; il était très réservé et très secret sur tout ce qui touchait à sa vie intime. Je me contentai de l'écouter m'exposer l'histoire des grandes philosophies indiennes, et les interprétations qui en ont été données, au cours des siècles, par les sages de son pays.

« J'avais eu l'idée de visiter le Brésil et arrivais à Rio, lorsque je reçus un télégramme d'un médecin de Philadelphie. Singh était tombé gravement malade et souhaitait me voir immédiatement. Le médecin avait, probablement à l'insu de son patient, ajouté au texte du télégramme : danger de mort.

« A mon départ, Singh se portait bien, il projetait des recherches dans une bibliothèque de Philadelphie; que lui était-il arrivé? Je quittai Rio en hâte et me rendis auprès de mon ami.

« J'eus peine à le reconnaître, tant il avait changé. Son teint brun s'était mué en un gris livide; il avait extraordinairement maigri. Comment une telle transformation avait-elle pu se produire dans l'espace de quelques jours? Le médecin n'y comprenait rien; il ne découvrait aucune maladie, rien d'autre qu'une inexplicable baisse de vitalité de tous les organes.

« Je vous ai fait venir parce que je vais mourir, me dit Singh et, comme je commençais une phrase tendant à lui faire entrevoir sa guérison, il m'interrompit aussitôt :

« Ces mensonges sont inutiles, dit-il sèchement. Je n'ai pas le temps de les entendre. Écoutez-moi seulement. Voilà! J'ai été lâche... »

« Comme je tentais de protester encore une fois contre cette singulière déclaration, il m'imposa silence d'un geste bref.

« J'ai été lâche. Cela ne concerne nul autre que moi; c'est à moi seul que j'ai causé du tort... un tort irréparable. Profitez de mon exemple, si vous en êtes capable.

« Nous autres, Hindous, nous croyons qu'il existe, dans les Himalayas, certains lieux particulièrement sacrés, hantés par nos dieux : Shiva, Vichnou, Dourga, des lieux aussi où nos anciens rishi et, depuis eux, d'autres sages, ont habité, s'adonnant à la contemplation du mystère de l'Être unique : le Brahman, présent en tout, sous des myriades de formes et que l'on atteint en déchirant le voile d'illusion sur lequel notre attachement passionné au moi individuel peint les formes du monde... J'ai appris cela de mon gourou... J'ai eu un gourou, un sannyâsin du math de Sringeri : un Bharati... un saint, très sage. Il avait vu ce que contemplaient les rishi, dont les enseignements nous ont été transmis par les *Oupanishads* [1].

« Je vous ai souvent parlé de ces livres sacrés, vous me comprendrez. J'ai voulu visiter les lieux où est née toute cette profonde sagesse. Les entretiens des sages aranyakas, les instructions qu'ils dispensaient à leurs disciples, les visions qui s'offraient à leur perception spirituelle, tout cela a dû laisser des traces profondes dans l'ambiance de ces endroits, y engendrer des énergies subtiles prêtes à s'infiltrer en celui qui s'offre à elles avec une totale ferveur, et à l'amener à l'illumination suprême. »

« Je vous répète, de mémoire, les paroles de mon ami, me dit M. Murray, mais ma mémoire est fidèle, et j'ai été tellement frappé par le discours de Singh que je pense vous l'avoir rapporté à peu près textuellement.

« Ce jour-là, j'appris qu'il était parti, comme il l'avait projeté, qu'il avait voyagé à travers les Himalayas et visité plusieurs des lieux de pèlerinage célèbres.

« Quand je le revis, le lendemain, son état avait subitement empiré. La veille, il paraissait très affaibli mais parfaitement lucide, maintenant il avait les yeux hagards et parlait difficilement.

« J'ai été un lâche », me dit-il de nouveau, dès que je fus près de lui, et il répéta son étonnante déclaration du jour précédent, avec un accent de désespoir navrant.

« J'ai été un lâche... un lâche... »

« Je compris qu'il délirait. Devina-t-il ma pensée? Il me saisit la main.

« Vite, vite, écoutez... Après plusieurs jours de méditation dans la forêt, fatigué de mon immobilité, je me levai et je marchai pendant quelques instants sous les arbres. J'arrivai ainsi à l'entrée d'une vaste caverne. Curieux, je

1. Livres sacrés de l'Inde, considérés comme contenant les enseignements que les anciens sages indiens donnaient à leurs disciples.

regardai à l'intérieur. Le sol était jonché d'ossements humains... Non, pas jonché : les ossements formaient une couche épaisse... si épaisse!...

« L'idée ne me vint même pas que je voyais le repaire d'un animal féroce, d'un tigre ou d'un léopard. J'avais immédiatement compris qu'il s'agissait d'*autre chose*, de quelque chose de terrible, d'*au-delà* de notre monde. Je me reculai et m'éloignai. Je me trouvai alors à flanc de montagne, la vue s'y étendait très loin jusqu'à une plaine, tout au pied de la montagne. Quelques muletiers la traversaient avec leurs bêtes chargées de ballots.

« Une idée jaillit spontanément dans mon esprit : Il ne tient qu'à moi de descendre avant que la nuit ne vienne, de rejoindre ces hommes et d'échapper au Dévorateur de la caverne.

« Puis je laissai les voyageurs s'éloigner sans avoir fait un mouvement pour les rejoindre. L'obscurité du soir se répandait sous les grands arbres. Je pensai : Si je ne me laisse pas dévorer, je n'atteindrai pas l'illumination spirituelle, *moukti* [1], la Délivrance, et combien de fois me faudra-t-il renaître, souffrir en diverses conditions la douleur inhérente aux vies successives avant que pareille occasion me soit offerte?

« Alors, bien décidé, je marchai de nouveau vers la caverne, je fis quelques pas à l'intérieur et, alors, tout au fond, j'entrevis Bhairava l'Épouvantable [2]. Son énorme forme de tête de taureau, debout, immobile, paraissait attendre.

« Brusquement, je me rejetai en arrière. J'eus la sensation de tomber et de rouler le long d'une longue pente avec une vitesse vertigineuse. Quand je repris mes sens, j'étais dans une vallée au pied de la montagne.

« J'ai quitté l'Inde; vous avez connu ma vie en Amérique. Maintenant la mort m'emporte... Où?... Pour revenir où?... L'occasion qui m'a été offerte, sans doute par la

1. La même idée peut aussi s'exprimer par : *moksha.*
2. Bhairava signifie « Celui qui terrorise ». Il est l'une des formes du dieu Shiva.

grâce de mon très saint gourou, je l'ai perdue par ma lâcheté...

« J'ai été lâche... »

« Il ne dit rien de plus, sombra dans le silence, sans doute dans le coma. Je crus qu'après quelques heures de repos il serait possible de l'interroger. Je voulais lui demander en quel endroit il avait eu cette stupéfiante vision, mais il mourut dans la nuit, sans que j'ai pu le revoir... »

Murray s'était tu et demeurait silencieux, absorbé dans le souvenir du récit fantastique de son ami.

Pour des raisons différentes des siennes, ce récit m'avait aussi troublée et, comme lui, je restais sans mot dire et plongée dans mes pensées.

Tout à coup, il se leva si brusquement qu'il renversa sa chaise.

« Moi! cria-t-il avec véhémence, je ne serai pas lâche! Je partirai demain pour les Himalayas. »

Il était affreusement surexcité, tremblant, le sang au visage, les yeux dilatés.

« Vous avez vécu dans les Himalayas, continua-t-il, et vous avez vécu au Tibet, vous avez été initiée à nombre de doctrines occultes. On me l'a dit et je le crois. Conseillez-moi donc; guidez-moi. Les Himalayas comprennent une vaste région; de quel côté dois-je me diriger?... »

J'essayai encore une fois de le convaincre qu'il s'exagérait l'importance des connaissances que j'avais pu acquérir dans les Himalayas et au Tibet, ce fut peine perdue; il s'obstinait, peut-être, moins parce qu'il croyait que je possédais les connaissances étendues que l'on m'avait attribuées, que parce qu'il éprouvait le désir de ne pas errer au hasard à travers les solitudes himalayennes. Mais pourquoi? – En quête de quoi? – En fait, je l'avais déjà deviné, mais je le lui demandai.

« Comment pourrais-je vous conseiller d'aller à tel endroit plutôt qu'à tel autre? répondis-je. Pourquoi voulez-vous parcourir les Himalayas? Quel est le motif de votre voyage?... D'ailleurs, je ne connais qu'une très petite partie de l'immense chaîne des Himalayas.

– Pourquoi je pars pour les Himalayas?... Vous l'avez bien compris... Je veux réussir, aller jusqu'au bout, là où Singh a reculé... Je ne serai pas lâche, moi!... »

Une telle poursuite était insensée. Singh avait transporté dans sa vision le contenu de son subconscient où des croyances hindoues s'étaient enregistrées depuis son enfance, mais chez Murray, Américain, le même arrière-plan de doctrines mystiques n'existait pas et voici qu'il s'en allait à la recherche d'une vision comme s'il s'agissait de retrouver l'emplacement d'un objet matériel réel : un lac ou un pic dont on lui aurait signalé l'existence. C'était absurde! Une vision est un phénomène immatériel, engendré par des causes spéciales n'agissant que sur un individu particulier. Rien de plus évident...

Existe-t-il des phénomènes purement immatériels? Pourrions-nous les percevoir? Les visions et les images de nos rêves sont-elles vraiment dénuées de tout support matériel, aussi peu pondérable qu'on puisse l'imaginer? Subjectif est-il nécessairement synonyme d'immatériel? On peut se le demander.

Mais, primant ces considérations, un souvenir s'imposait à moi. Cette étrange vision, Singh n'était pas seul à l'avoir eue. Un autre en avait éprouvé toutes les émotions dans les Himalayas et je connaissais l'endroit où elle s'était produite.

Certains pensent que tout mouvement mental imprime des traces dans l'ambiance de l'endroit où il se produit. Ainsi, nos désirs, nos projets et les rêveries auxquelles nous nous abandonnons inscriraient dans les éléments qui nous entourent des images perceptibles à quelques-uns et, ces mêmes éléments, tels des accumulateurs, se chargeraient d'énergies subtiles propres à déclencher la répétition des sensations éprouvées dans ce lieu.

Il y a là un terrain mystérieux dont l'exploration est tentante. L'occasion d'une expérience s'offrait à moi : je pouvais sans l'informer de ce qui concernait une précédente vision, envoyer Murray à l'endroit où celle-ci s'était produite, puis apprendre de lui, d'abord, s'il avait eu une vision, ensuite, si celle-ci reproduisait exactement celle de Singh ou bien si elle en différait et ressemblait davantage à celle qui était venue d'autre part à ma connaissance.

Cette dernière ne s'était pas effacée de ma mémoire. Bien que son récit remonte à plusieurs années, elle se dressait maintenant, devant moi, aussi nette et aussi saisissante qu'autrefois.

Le paysage décrit n'était pas celui d'une épaisse et sombre forêt, comme celui vu par Singh. Le décor consistait en une crête aiguë formant la cime d'une chaîne de montagnes aride, violemment éclairée par le soleil. De là, le regard plongeait très bas sur une immense plaine désertique qui s'étendait à perte de vue.

C'était en cheminant le long de cette crête que le héros de cette aventure psychique avait découvert la caverne aux ossements.

Toutefois, celui qui s'était avancé jusqu'à la caverne macabre retournait ensuite s'asseoir sur la crête de la montagne, la face tournée vers la plaine.

Puis, les deux visions concordaient : les muletiers conduisant des bêtes chargées à travers la plaine et la réflexion : « Je pourrais échapper au Dévorateur de la caverne si je rejoignais ces hommes » était la même pour tous les deux.

L'épisode suivant consistait en l'intervention d'un serpent qui n'existait pas dans la vision de Singh. Ce reptile, de proportions monstrueuses, avançait lentement en suivant les sinuosités de la crête de montagne. Il était d'une taille si prodigieuse que l'on ne pouvait pas apercevoir l'extrémité de sa queue.

Le visionnaire, croyant à la réalité des tableaux qui lui apparaissaient, comprit le danger qu'il courait mais demeura assis et immobile sans tenter d'échapper à ce serpent fantastique. Il le sentit frôler ses genoux et y poser sa tête. C'est alors que lui vint une claire compréhension de l'importance de l'occasion ainsi offerte. Il pourrait atteindre l'illumination spirituelle en se laissant absorber par le Dévorateur dont, sans l'avoir vu, il devinait la présence dans la caverne aux ossements, ou bien, s'il se refusait au sacrifice, il retomberait dans l'ignorance, l'aveuglement et errerait de nouveau, pendant d'innombrables siècles à travers le monde de l'illusion et de la souffrance, entraîné dans la ronde douloureuse des morts et des renaissances successives.

C'était le même choix qui s'était présenté à Singh. Mais, une fois encore, l'autre vision différait de la sienne. Arrivé à ce moment décisif, celui qui avait vécu cette série d'aventures ne reculait pas. Il retournait à la caverne, avec la ferme résolution de se laisser dévorer, y entrait et entrevoyait tout au fond de celle-ci la forme tibétaine du Bhairava hindou : Dordji Jigsdjié [1].

Le choc mental produit par la vue du Grand Terrible mit brusquement fin à la vision ou au rêve, quel que soit le nom que l'on veuille donner à ce phénomène.

Les scènes, dont la description m'a pris assez longtemps, s'étaient déroulées en quelques minutes dans mon esprit. M. Murray me regardait fixement, attendant mon avis. Ma décision était prise. Je me serais fait scrupule de me servir, comme de matériel d'expérience et de cobaye humain, d'un homme dont l'équilibre mental était déjà troublé; le risque me paraissait trop grand.

Je ne crus pas bon non plus de heurter de front les intentions de mon interlocuteur, ce qui n'aurait, probablement, pas eu d'autre résultat que de l'amener à s'y obstiner. Je lui conseillai de faire un séjour de quelque durée dans l'une ou l'autre des stations de villégiature des Himalayas; il s'acclimaterait, ainsi, à l'atmosphère très particulière de ces montagnes. Il pourrait, ensuite, visiter à son gré certains des lieux tenus pour sacrés par les

1. Bhairava, comme Jigsdjié, sont des personnifications symboliques de Shiva en tant que destructeur et générateur. Leur nom en sanscrit comme en tibétain signifie « Celui qui cause de l'effroi ».

Hindous, depuis de nombreux siècles, et expérimenter les influences qui peuvent s'en dégager.

« Comprenez bien, lui dis-je, que les visions, comme les rêves, n'ont de sens que pour ceux qui les perçoivent. Ils sont les produits de causes personnelles, existant dans ces individus particuliers. Les localités où ils ont lieu n'ont point nécessairement de rapport avec eux. Il est douteux que vous, dont la personnalité est différente de celle de Singh, vous parveniez à voir ce qu'il a vu... à faire le même rêve que lui. S'il vous arrivait de vous sentir vivre l'aventure fantastique qu'il vous a racontée, il n'y aurait probablement là qu'un phénomène d'autosuggestion basé sur le souvenir du récit qui vous a si violemment ému. »

J'essayai ainsi de le détourner d'une poursuite qui, dans l'état physique et mental où je le voyais, pouvait avoir un résultat funeste. Mais, quant à prétendre que l'on ne puisse constater que certains phénomènes, toujours à peu près identiques, se répètent en des localités particulières, j'ai fréquenté pendant trop longtemps les hauts lieux des Himalayas et du Tibet pour oser me le permettre.

A quelle cause faut-il attribuer ces singulières occurrences? J'ai entendu donner nombre d'explications à leur sujet sans qu'aucune d'elles me satisfasse pleinement. C'est le cas de se rappeler « qu'il y a plus de choses au ciel et sur la terre que nous n'en avons rêvées dans notre philosophie [1] ».

M. Murray me quitta apparemment déçu par mon accueil trop « raisonnable ». Il s'était attendu à me voir émerveillée par son récit; il aurait voulu que j'abonde dans son sens et l'engage à rechercher l'emplacement de la caverne où Bhairava apparaît parmi les ossements de ses victimes, prêt à en dévorer de nouvelles.

M. Murray appartenait à la foule des aventuriers

1. Shakespeare : *Hamlet,* acte I, scène IV : « There are more things in heaven and earth, Horatio, than are dreamt of in your philosophy. » (Il y a plus de choses au ciel et sur la terre, Horatio, qu'on n'en rêve dans votre philosophie.)

spirituels en quête d'« Iles fortunées » paradisiaques ou d'initiations macabres préludant à la Connaissance Suprême, tous aspirant à localiser dans notre monde matériel leurs réactions subjectives.

Murray promit de me donner de ses nouvelles, mais je compris que c'était, de sa part, une simple formule de politesse.

Je n'ai jamais su ce qu'il était devenu.

Le cas de M. Murray était exceptionnel et particulièrement dramatique, mais combien d'autres en ai-je connu qu'animait un même désir passionné d'atteindre un lieu magique, réservé à des déités, des prodiges ou des forces d'un caractère plus mystérieux encore. C'étaient, parfois, d'humbles gens; leur conduite, propre à étonner les Occidentaux de notre époque, passait inaperçue parmi les foules hindoues prédisposées aux extravagances dévotes par une hérédité millénaire.

Pour ma part, je ne me reconnais pas le droit de blâmer ou de railler ces originaux « en dehors de la norme » – car ma vie, presque tout entière, a consisté en ce que la majorité des gens dénomment des « extravagances ». Je ne m'en excuse pas, je suis plutôt portée à m'en féliciter. Passer sa vie à cheminer au long d'une route droite, profondément encaissée entre de hauts talus, est faire médiocre usage des jours que le Destin nous a accordés, tandis qu'ils peuvent être ensoleillés si l'on grimpe le talus pour flâner en liberté sur le vaste plateau qui le surmonte.

De nos jours, l'on entend beaucoup parler « d'inadaptés » en donnant à ce mot un sens péjoratif. Cependant, « l'adapté type », l'animal parfait domestiqué, est-il un admirable exemple à proposer aux êtres capables de comparer et d'évaluer la mesure de satisfaction qu'ils trouveront soit dans le cadre de la norme soit en dehors de lui? – Il peut être raisonnable de se le demander.

Lorsque j'appris le fait que je vais rapporter, j'étais justement en pleine extravagance. Je vivais en ermite dans une caverne située à 3 900 m d'altitude sur une des chaînes septentrionales des Himalayas. Ma caverne s'ouvrait au flanc d'une pente abrupte qui dominait un cirque dont le fond était occupé par un large glacier. L'endroit était absolument solitaire, son unique issue était un étroit sentier franchissant un éperon de montagne pour rejoindre, quelques kilomètres plus loin, une piste muletière peu fréquentée accédant à un col tout proche, d'une altitude d'environ 5 000 m, d'où l'on découvrait d'immenses plateaux déserts du Sud tibétain. Dans la direction contraire, en descendant pendant une douzaine de kilomètres, la piste traversait un petit village habité par des Tibétains. Ceux-ci hivernaient là, ensemençaient quelques champs au printemps et, l'été venu, remontaient camper sur les hauts plateaux parmi leurs troupeaux de yacks.

Or donc, un pasteur, m'apportant du beurre, me raconta que des passants avaient trouvé un Indien gisant sur la piste tout près du col. L'homme paraissait mourant. Les voyageurs l'avaient placé dans une hotte et transporté à dos d'homme jusqu'au village où un Tibétain aisé l'avait recueilli.

Par la suite, je vis cet homme chez les gens charitables qui l'hébergeaient et il me raconta son aventure.

Il était natif de Travancore, la région la plus méridionale de l'Inde, où il exerçait le métier de tailleur dans un petit village voisin du grand math de Sringéri. Il s'appelait Ram Dars et était très dévot.

Dans le voisinage de Sringéri circulaient beaucoup de contes concernant la vie de son célèbre fondateur Sankaràcharya. Les brahmines, ses disciples, racontaient, en les enjolivant de prodiges, les incessants voyages de ce célèbre philosophe à travers toute l'Inde et les Himalayas. Sur ces montagnes hantées par les dieux, il avait établi le math de Joshi [1] pour abriter ceux des membres de son

1 Joshi ou Jotir était dénommé le math des yoguis parce que les sannyâsins qui y résidaient s'adonnaient spécialement à la méditation. Un *math* est une sorte de monastère où des religieux hindous vivent en communauté Un *sannyâsin* est celui qui a prononcé la formule de la

ordre qui aspiraient à un isolement encore plus complet que celui des maths de l'Inde. Ram Dars avait aussi appris qu'à la fin de sa vie, Sankàra, malade, s'était fait transporter vers des cimes plus hautes encore que celles du monastère de Joshi, aux confins du Tibet, à Kedàrnàth, dans un site consacré à Çiva [1], où il y était mort.

Sankàra projetait-il de dépasser Kedàrnàth et de pénétrer au Tibet? Nous ne possédons aucun renseignement à ce sujet, mais Ram Dars prétendait savoir de bonne source que Sankàra se préparait à passer au Tibet lorsque la mort l'avait arrêté. Il est très possible que le dévot tailleur, mêlant dans sa pauvre cervelle des contes de diverses provenances, ait construit, à sa façon, cette légende inédite sur Sankàra. Peu importe, du reste, le caractère plausible ou non des fables dont se nourrissent les foules; plus grande est leur invraisemblance, plus forte est leur emprise.

Ram Dars s'était donc persuadé que l'illustre Sankàra avait voulu se rendre au Tibet. Les lois mystérieuses du karma [2] ou quelque puissant démon gardien du seuil tibétain l'en avait empêché. Néanmoins, il avait indiqué la voie; d'autres que lui pourraient franchir la barrière himalayenne, et aller mourir au-delà sur le sol hanté par les devas. Mais y mourait-on réellement? Ne s'y transformait-on pas plutôt en désintégrant la substance d'un corps grossier, pour vivre ensuite en compagnie de dieux, avec un corps subtil pareil aux leurs?

Fort de sa conviction, Ram Dars s'était mis en route pour les Himalayas qu'il savait très éloignés de son

triple renonciation : 1° rejet de notre monde; 2° rejet du monde des ancêtres (ce qui est souvent expliqué comme un renoncement à la célébrité posthume, etc.; 3° rejet du monde des Dieux.

1. Kedar est un des noms de Çiva.

2. Karma signifie : action. La loi du karma est celle de la succession des causes et des effets, exprimée par la formule « Ceci étant, cela se produit ». Mais il ne s'agit point de déterminisme élémentaire car il est dit qu'il faut toujours la réunion de plusieurs causes pour qu'un effet se produise. L'effet est donc conditionné par les éléments divers appartenant aux diverses causes qui l'ont engendré.

village, mais sans pouvoir apprécier, même très approximativement, la distance qui les séparait. Il cheminait au hasard, se dirigeant autant qu'il le pouvait vers le nord, mendiant ou travaillant lorsque l'occasion s'en présentait. Ces haltes étaient brèves, soit qu'on le congédiât, parce que ses services n'étaient plus nécessaires, soit qu'il quittât de lui-même son ouvrage, aiguillonné par le désir d'atteindre son but. Aux quelques jours de repos et de bonne nourriture succédaient, alors, des semaines de jeûne et de harassant vagabondage... Combien de temps cette « marche à l'étoile » dura-t-elle? Ram Dars n'en avait que vaguement conscience. La fatigue et la faim engourdissaient ses facultés, il allait de l'avant, halluciné, et de jour en jour plus affaibli. Deux années s'étaient écoulées, croyait-il, depuis qu'il avait quitté son village sous les palmes au chaud pays de Travancore, lorsqu'il arriva au pied des premières chaînes himalayennes.

L'endroit où il les abordait n'était pas celui d'où partent les routes qui s'élèvent vers Badrinàth, le math de Joshi et, au-delà, Kedàrnàth où Sankàra s'était fait porter à la veille de sa mort. De cela, Ram Dars aurait pu s'informer, mais il n'en avait plus ni mentalement ni physiquement la force. Le pauvre tailleur n'était plus qu'un mendiant hagard traînant les pieds, lorsqu'il commença à gravir les pentes raides des forêts sombres si différentes des riantes palmeraies du Sud. Chancelant, titubant, avançant parfois sur les genoux, il finit par s'effondrer à l'extrémité septentrionale du Sikkim [1], à deux pas du Tibet, dont les dieux n'avaient pas voulu l'accueillir.

J'entendis raconter ce récit tragique par fragments, tandis que le pauvre Indien, un peu rétabli, cousait des vêtements destinés aux enfants de la famille qui l'avait recueilli.

1. Petit État himalayen situé entre le Népal et le Bhoutan et limitrophe au Tibet dont il faisait partie lorsque les Anglais l'annexèrent. Il est actuellement intégré à l'Inde.

L'hiver approchait. La chaîne où habitaient ces gens charitables est située à environ 3 600 m d'altitude; il n'y fait jamais chaud – du moins pour des Indiens – et l'hiver est sévère. Ram Dars ne pouvait songer à affronter d'aussi basses températures et, encore moins, à continuer son voyage, la neige bloquant les cols conduisant au Tibet. Il dut se résigner. Muni de vivres et d'un peu d'argent, il redescendit tristement les pentes abruptes gravies au prix de tant de souffrances, mais le cœur animé de tant d'espoir. Cette espérance avait été déçue : son entreprise avait échoué; toutefois, un échec de ce genre n'est pas ressenti par un Indien comme il pourrait l'être par un Occidental persuadé de la brièveté de la vie. Pour l'Indien, le cours d'une vie n'est qu'un incident parmi un nombre de péripéties analogues. La mort, c'est le baisser de rideau sur le premier acte d'une pièce dont les actes se succèdent indéfiniment dans l'éternité du temps. Dès lors, le projet qui n'a pas été mené à bonne fin dans la vie présente pourra être repris dans une vie suivante et tout échec peut, ainsi, se trouver réparé. Idée consolante, que ceux, qui en sont pénétrés, répugnent à échanger contre des dogmes présentant la mort comme l'entrée dans le domaine de l'irréparable et du définitif.

Cependant c'est sans désespoir que Ram Dars quitta les Himalayas. Il n'avait pas atteint la terre des prodiges, mais il pouvait toujours y croire. Pareil à un joueur qui mise sur ses forces physiques insuffisantes, il avait matériellement perdu la partie, mais sa foi demeurait intacte, il n'avait pas perdu son rêve.

*

Certains, à l'inverse du malheureux Ram Dars, ont atteint l'un ou l'autre des lieux sacrés dont ils rêvaient et y ont senti s'effondrer la foi qui les y avait conduits. Faut-il s'en réjouir pour eux ou les plaindre? Savoir vaut mieux que croire, mais beaucoup ont la vue trop faible pour soutenir la lumière de la Connaissance et le grand jour qui dissipe les images des rêves leur semble sévère.

Tel fut le sort de bengali [1] Banerji, un brahmine lettré, hindou très orthodoxe et fonctionnaire de l'administration britannique aux Indes [2]. Suffisamment aisé pour pouvoir se passer des émoluments attachés à son emploi, il s'en était libéré en prenant sa retraite un peu avant le temps réglementaire.

Devenu complètement maître de ses mouvements, Banerji décida d'entreprendre une série de pèlerinages à différents lieux saints. Quand je le vis, il en avait déjà visité plusieurs sans qu'aucun de ceux-ci ait déclenché en lui la commotion spirituelle à laquelle il aspirait. Cet homme pieux qui, depuis sa jeunesse, avait toujours pratiqué strictement tous les rites prescrits par les gens de sa caste, ne doutait point de leur utilité, mais il n'ignorait pas non plus qu'au-delà de la « Voie » des œuvres bonnes et du culte routinier, il en existe une autre : celle des grands saints que l'Inde révère, celle qui les a conduits aux Dieux qu'ils adoraient.

Vishnu, Çiva, Kàli se sont parfois manifestés sous des formes visibles; mais le plus souvent, en des lieux d'élection, leurs dévots les ont senti s'approcher d'eux et les envelopper dans une indicible communion.

C'est parce qu'il m'avait trouvée, un jour, en train de lire les *Oupanishads* dans la bibliothèque d'un de mes amis indiens de Calcutta, que M. Banerji m'avait prise pour confidente de sa poursuite spirituelle et de sa déception.

« Ah! vous lisez, pardonnez-moi de vous déranger, me dit-il. Mon ami Goshe m'a permis de venir en son absence prendre des livres dans sa bibliothèque », et, avec ce manque de discrétion commun à la plupart des Asiatiques, il se pencha au-dessus de mon épaule pour voir ce que je lisais.

« Chandogya Oupanishad », lut-il; il soupira. « Les

1. Natif du Bengal.
2. Les faits rapportés ici se sont passés une vingtaine d'années avant que l'Inde fût devenue un État indépendant.

sages de la forêt », murmura-t-il. Il demeura silencieux pendant quelques instants, puis reprit :

« La forêt, les Himalayas, vous connaissez cela, je crois...

– J'en ai fait l'expérience et j'y retourne dans quelques semaines, répondis-je.

– Qu'y cherchez-vous? me demanda-t-il encore.

– Rien. La forêt, les Himalayas parlent sans doute quand il leur plaît et à qui il leur plaît. Ainsi qu'ils le firent pour Satyakâma [1], alors qu'il gardait les troupeaux de son maître.

– Sans doute en est-il ainsi, déclara Banerji, mais la plupart passe à travers la forêt, et les Himalayas, à la poursuite d'un autre rêve. Ils n'entendent point les voix des grands arbres et des torrents; et s'ils les entendent, ils ne s'arrêtent point pour les écouter et méditer leurs paroles, ils passent, allant de l'avant, en quête d'autre chose, de moins grand, de plus compréhensible à leur petit esprit. »

Banerji, absorbé dans ses réminiscences, paraissait avoir oublié ma présence.

Tout à coup, il me dit d'un ton décidé :

« J'ai été à Badrinàth [2]; je vais vous raconter mon voyage; cela pourra vous servir.

1. Tandis que Satyakâma gardait dans la forêt le troupeau de son maître (son précepteur spirituel), un taureau vient à lui. « Écoute, Satyakâma », lui dit-il. Et le taureau lui enseigne les débuts de l'infinité de l'Être et la manière de conquérir l'immortalité, puis il dit : « Demain, le feu t'en dira davantage. » Et le soir venu, Satyakâma rassemble le troupeau, allume un feu, s'assied auprès de lui et le feu lui parle et termine en disant : « Demain, le soleil t'en dira davantage. » Ainsi, jour après jour, ce sont le soleil et le vent qui instruisent Satyakâma de la nature de l'Être en Soi. Et quand, de retour auprès de son maître, celui-ci demande à Satyakâma : « Qui donc t'a instruit, mon enfant? » Satyakâma répond : « D'autres que des hommes. »

(D'après *Chandogya Oupanishad*, chap. IV, section 5 et suivantes.

2. Badrînath à 3 000 m d'altitude, dans les Himalayas, est le site d'un temple dédié à Vishnu sous son nom de Badri. Des pèlerins, par centaines de mille, s'y rendent chaque été. Le Gange prend sa source dans les glaciers (à près de 7 000 m d'altitude) qui dominent Badrînath.

« Il m'avait paru bon de suivre la route qui, de Hardwar, gravit les montagnes en remontant le cours du Gange. C'est à Hardwar que le Gange descendant des Himalayas touche la plaine indienne. Gangadwara la « porte du Gange » est un lieu très saint. S'y baigner dans le bassin formé par les eaux du fleuve débouchant d'une gorge profonde purifie de toutes les fautes que l'on a commises et de toutes les souillures que l'on a pu contracter. Je ne manquai pas de m'y baigner. Je visitai aussi le temple de Màyà-Devi, la Grande Mère universelle, créatrice du monde dans lequel nous vivons : ce monde des apparences qui nous cachent le Brahman [1], comme disent nos pandits védantins. Moi, je ne me sens pas capable de cette haute Connaissance. J'adore Krishna et Ràma et je n'aspire qu'à la béatitude de demeurer prosterné à leurs pieds...

« Vous souriez, liseuse des *Oupanishads*. Les baktas [2] vous semblent des pauvres d'esprits. »

Mais je ne souriais pas. Il est difficile de demeurer impassible en face de l'énigme de l'Être. La plupart d'entre nous en sont incapables, terrifiés par le mystère du monde qui les entoure et par celui de leur propre *moi*, ils ne cherchent qu'à se blottir, comme des enfants apeurés, contre des protecteurs issus de leur imagination et à calmer leur détresse spirituelle par les émotions amoureuses de la dévotion. Ils sont pitoyables, certes, mais peu compréhensif serait celui qui les tournerait en dérision.

Je répondis à M. Banerji en protestant que je comprenais parfaitement ses sentiments et les estimais respectables. Il continua alors son récit.

« J'avais engagé deux *ékas* [3] pour mon domestique et pour moi, afin de voyager commodément jusqu'au bout

1. Le Brahman : l'Être en Soi, non pas un dieu personnel.
2. Baktas, ceux qui s'adonnent à la *bakti* : la dévotion et l'amour des dieux personnels.
3. Des véhicules à deux roues, très légers, pour un seul passager, en plus du cocher.

de la route carrossable, nous devions ensuite être transportés en *dandi* [1]. Pendant les premiers jours du voyage le décor dans lequel il s'effectuait ne différait guère des paysages indiens qui me sont familiers. Parmi les gens rencontrés sur les routes se voyaient des groupes de pèlerins, dont l'apparence indiquait la condition très modeste. Un bon nombre de mendiants s'acheminaient aussi vers Badrinàth; ils ne manquaient pas de se prévaloir de leur titre de pèlerins pour quémander des aumônes à grands cris auprès des voyageurs ou des habitants, dans les villages qu'ils traversaient.

« La route atteignit ensuite des pentes boisées puis s'enfonça dans la forêt et l'atmosphère changea. Il était impossible de ne pas se sentir psychiquement enveloppé par de subtiles influences et par d'invisibles et puissantes présences. *Aum* chantaient les grands arbres, se répétant l'un à l'autre la syllabe sacrée; *Aum* rugissaient les torrents, les cascades. Le matin, à leur réveil, les oiseaux se répétaient l'un à l'autre *Aum*. Ils le redisaient au coucher du soleil, de toutes parts, l'écho se renvoyait la syllabe suprême qui ouvre la porte de l'immortalité [2].

« Il aurait sans doute fallu s'arrêter là, comme le firent jadis le rishi Nara-Nàràyana et Krishna lui-même. Pourquoi poursuivre sa route?...

« Mais les pèlerins continuaient l'ascension, beaucoup d'entre eux, exténués, se traînaient plutôt qu'ils ne marchaient. Les boutiques établies dans de petits hameaux situés sur le sentier du pèlerinage abusaient sans merci du besoin de ravitaillement de ces passants. Ceux qui possédaient encore quelque argent le laissaient entre les mains de ces mercantis impitoyables. L'âpreté de ceux-ci pouvait pourtant se comprendre. Il est pénible de s'installer pour des mois dans ces solitudes au climat dur, alors qu'aucun sentiment religieux ne vous y incite. En outre, leurs frais de portage sont évidemment considéra-

1. Une sorte de chaise à porteur utilisée surtout en montagne.
2. Voir *Chandogya Oupanishad*, Chap. I, section IV.

bles. Oui, ces marchands sont excusables de se montrer âpres au gain, mais il était choquant de voir ce trafic s'exercer le long d'une route conduisant vers leur Dieu des croyants éperdus d'amour pour lui.

« J'allais voir pire encore. Tandis que les mendiants quémandaient, le plus souvent en vain, quelque nourriture auprès des boutiquiers ou des pèlerins pourvus de vivres, de petites bandes d'individus, entièrement nus, barbouillés de cendre, dont quelques-uns étaient armés de tridents, se ruèrent sur les étalages, y raflèrent une partie des denrées exposées et, pénétrant dans les maisons, en maltraitèrent leurs propriétaires lorsque ceux-ci ne se hâtaient pas assez, à leur gré, de leur remettre vivres et argent.

« Lorsque j'arrivai au hameau où s'était exercée l'activité des pillards, il était presque mis à sac. En m'apercevant, une dizaine des malandrins accoururent, réclamant à grands cris une aumône. Je les avais vus venir et, sachant ce qu'il y avait à attendre d'eux, je sortis mon revolver de son étui et le braquai sur eux. En tant que fonctionnaire, j'avais le droit d'être armé (et ce droit ne m'a pas été retiré). La vue de l'arme les effraya, ils s'enfuirent en me couvrant d'injures et de malédictions; puis, à l'approche de la nuit, s'en allèrent en courant, pareils à une troupe de singes qui vient piller un verger ou un champ.

« Ces malfaiteurs sont des nâgas appartenant à une secte très ancienne, dont les membres se donnent des apparences d'ascètes et vivent nus. Sous divers noms : Kapalikas, Bhairagi et autres, ils ont, depuis des siècles, infesté ces hauts lieux de pèlerinage. Le célèbre Sankarâcharya faillit être leur victime.

« Tout cela est bien triste, mais les dangers de toute nature qu'ils ont à affronter ne retiennent point les nombreux pèlerins montant chaque année vers Badrinàth. »

Banerji ne dit plus rien et resta songeur. A quoi pensait-il? Je désirais connaître la suite de son long récit, mais n'osais pas interrompre sa rêverie. Cependant, comme celle-ci se prolongeait, je demandai doucement :

« Vous avez continué votre route? Vous avez été jusqu'à Badrinàth?

– Ce fut là le pire, répondit Banerji avec un accent de colère.

« Le Joshi math, fondé il y a plus de mille ans par Sankàra, était à peu près en ruine; il n'y avait plus là un seul *sannyâsin.*

« Le temple... ah! oui, le temple... J'étais à peine arrivé qu'un émissaire de l'intendant est venu s'informer du montant de la somme que je me proposais d'offrir. Celle que je lui remis parut le satisfaire, car il se montra aimable et m'informa que, par faveur, il me serait permis de contempler de près la statue du dieu. Mais le moment était venu où on lui présente son repas. Seuls, les prêtres de service peuvent alors demeurer dans les sanctuaires. L'un d'eux m'apporta la *prasad* [1] (c'était une part des aliments qui étaient demeurés étalés devant l'image du dieu). Les plats de riz et les ingrédients qui l'assaisonnaient étaient de grande qualité.

« Le porteur des mets plaça le plateau près de moi sur une table puis, debout, attendit.

« Son attitude ne permettait aucun doute quant à ses sentiments : il espérait une gratification. Je la lui donnai et, m'autorisant de ma générosité, je questionnai l'homme. J'appris, ainsi, que le personnel du temple était nombreux et s'augmentait des servants d'un temple dédié à Lakshmi [2] qui existait dans le même enclos muré que le temple principal. Tous ces gens se nourrissaient des aliments offerts aux deux déités pour leur repas. Toutefois, ni la quantité ni la qualité de nourriture distribuée n'étaient les mêmes pour tous et de bruyantes contesta-

1. *Prasad* signifie « faveur ». Ce nom est donné à des portions des aliments qui ont été offerts aux statues des déités et qui sont ensuite distribuées aux fidèles.

2. La déesse Lakshmi est l'épouse de Vishnu. A Badrinàth, c'est Vishnu que l'on adore sous le nom de Badri.

tions ne cessaient de s'élever à ce sujet dans l'enceinte des temples.

« Et les pèlerins? demandai-je. Les pèlerins pauvres qui arrivent ici affamés, ne sont-ils pas aussi nourris?...

« L'homme haussa vaguement les épaules. « Oui, sans doute, répondit-il, s'il reste assez de *prasad* après la distribution aux servants des temples et à ceux des pèlerins qui se sont fait d'avance réserver des portions, en donnant une offrande. »

« J'étais renseigné.

« A l'heure où l'on ouvre les portes du temple, la ruée habituelle se produisit [1]. Les pèlerins se bousculaient pour entrer et arriver au premier rang des fidèles, contre les grilles qui les séparent de la chambre du dieu. Ils se frappaient brutalement, quelques-uns tombèrent en montant les marches de l'entrée, les autres les piétinèrent...

« Un des prêtres me fit entrer par une autre porte pour m'éviter de traverser cette cohue. Je me trouvai alors au-delà de la grille qui protégeait l'entrée de la chambre du dieu. Contre cette grille, les pèlerins se pressaient, s'écrasaient, cherchant à apercevoir l'image de Badri. Dans l'espoir de la contempler, ils avaient effectué ce long et pénible voyage, enduré tant de fatigue, dépensé leur petit pécule...

« L'un des assistants du prêtre me fit avancer dans la chambre intérieure. Il alluma du camphre sur une petite spatule. A la clarté éblouissante qui se produisit, je vis la statue presque entièrement cachée par la draperie qui l'enveloppe et la quantité de joyaux suspendus à son cou. Ils valaient, me dit avec fierté le brahmine officiant, plusieurs centaines de lakhs [2] de roupies... En hiver,

1. Ces ruées, inspirées par le fanatisme, j'en ai été plus d'une fois témoin à l'entrée des temples, mais elles atteignent leur paroxysme à l'époque des grandes baignades rituelles. A la dernière grande Khumba Mellah, le nombre des dévots qui furent écrasés et noyés s'éleva à plusieurs centaines.

2. Un lakh vaut 100 000 roupies.

lorsque la neige s'amoncelle autour du temple, ce trésor est descendu de Badrinàth et gardé dans un autre temple situé plus bas sur la montagne, le personnel, prêtres et servants, descend également et l'antique dieu de pierre, dépouillé de ses ors et de ses pierreries rutilantes demeure nu, comme un véritable ascète dans sa demeure glaciale éclairée par une seule lampe alimentée d'huile pour brûler jusqu'au printemps suivant... »

Banerji se tut.

Un très long silence s'ensuivit. Puis, à voix basse, je hasardai une question :

« Et ensuite?...

– Ensuite... Rien, répondit Banerji.

– Vous n'avez pas songé à poursuivre votre route? Vous n'étiez pas loin de Kedàrnàth [1] où Sankàra s'est fait porter pour mourir. N'est-ce pas là, à Kedàrnàth, que Çiva se manifeste sous la forme d'un lingam [2] de glace qui croît chaque mois avec la lune jusqu'à ce que celle-ci soit pleine et décroît ensuite avec elle?

– A quoi bon? », dit Banerji d'un ton las.

Je ne pouvais rien ajouter. Banerji avait-il compris que toutes les places de pèlerinage et tous les dieux que l'on y cherche sont en nous?

Sur la montagne où trône le temple de Badri, l'on distingue quatre zones par ordre ascendant :

Stula – Sukshama – Ati sukshama – et Shudcha – c'est-à-dire Badri matériel, grossier – Badri subtil – Badri au-delà même du subtil – Badri complètement pur.

La tradition fait partir ces zones d'un Adi Badri (primitif Badri) où l'on dit que Krishna et Nara-Nārāyana ont résidé, lors des temps légendaires.

Pour ma part, j'ai entendu expliquer ces zones comme étant non pas des étapes sur un chemin matériel gravis-

1. Kedàrnàth est situé à près de 3 500 m d'altitude. Un sentier difficile, à l'usage d'alpinistes, permet de se rendre de là, à travers les montagnes, à Kailàsa, au Tibet. Dans la mythologie hindoue, Kailàsa est dit être la demeure de Çiva et de son épouse Parvatî.

2. *Lingam :* un phallus.

sant des pentes de la montagne, mais comme des haltes spirituelles vers une Connaissance de plus en plus épurée, vers l'invisible, l'immatériel Shuddha Badri.

Brahmine et docte dans les doctrines de sa religion, Banerji devait connaître ces explications. Il ne m'appartenait pas de les lui répéter.

Sa physionomie attristée me portait à penser qu'il regrettait son rêve pieux, déjà souvent déçu au cours de ses précédents pèlerinages et qui s'était définitivement effondré à Badrinàth où, dans le sanctuaire de sa déité adorée, il n'avait rencontré que le vil comportement d'une foule grossière.

Dommage!

VII

POURSUIVRE des chimères sur notre terre n'est pas complètement dénué de danger, mais combien plus grands sont les risques encourus par ceux que leur imagination incite à vagabonder dans des domaines qu'ils croient situés au-delà de nos frontières normales.

Ce n'est point que, même du simple point de vue scientifique, l'on puisse absolument nier l'existence de phénomènes d'un autre ordre que ceux dont l'étendue de nos perceptions habituelles nous trace les limites provisoires. Il est évidemment raisonnable de croire à la possibilité d'un accroissement de puissance de nos facultés physiques et mentales et des moyens matériels propres à en étendre le champ, mais ce dont il faut nous convaincre c'est que toutes nos explorations physiques et mentales s'effectuent en vase clos, ce vase clos étant notre individu matériel et spirituel. Nous ne sortons jamais de nous-mêmes. Pensées, perceptions, sensations sont conditionnées par la substance matérielle et spirituelle dont nous sommes faits, il ne peut y avoir d'évasion hors de soi-même ni d'évasion hors du monde où l'on vit, car ce monde n'est pas hors de nous, il est en nous.

Ce sont là des vérités banales, mais ce petit préambule n'était peut-être pas déplacé avant de présenter quelques tentatives d'évasion hors de notre monde quotidien.

Me voici encore dans une de ces charmantes demeures comme les Anglais avaient l'art d'en aménager, autrefois, en Asie. Le confort banal et reposant d'un *home* britannique revivait là dans l'atmosphère chaude et la luxuriante nature des tropiques. Un souffle de volupté envahissante et mystique se répandait sur les êtres et sur les choses et l'on se sentait, avec délice, sombrer dans une bienheureuse quiétude, mi-torpeur, mi-extase : c'était un sentiment indicible.

Cependant, à l'arrière-plan du décor, s'assemblaient les forces qui allaient balayer le sol indien et rejeter à la mer les *mlechhas* [1] téméraires qui avaient osé y aborder.

C'est à la fois très juste, très bien et peut-être aussi, dommage...

On servait le thé : un *high tea* [2].

« Ceci nous tiendra lieu de dîner aujourd'hui, me dit mon hôtesse, mais je ferai déposer dans votre chambre un plateau qui vous servira de souper. Nous, nous nous coucherons de bonne heure car, cette nuit, on nous emmène en voyage avec de nombreux amis. Les maîtres nous recevront chez eux. »

« Nous », indiquait mon hôtesse : Mrs. Stanley et deux dames qui résidaient pour quelques semaines chez elle.

Je savais ce dont il s'agissait. Nous étions à la date où, d'après ses dires, le maître spirituel de ces dames prétendait les conduire, en corps astral, à la Grande Assemblée que tenaient, quelque part dans l'espace, les Instructeurs dont lui-même était un disciple initié. Ce disciple d'élite s'appelait Larsen, je l'avais entrevu précédemment en Angleterre.

Il était laid, de mine sournoise et avec des yeux de chat aux aguets. Cet aspect physique, désavantageux aurait-on

1. *Mlechhas :* les barbares, les impurs. Épithète méprisante appliquée aux étrangers par les Hindous orthodoxes. En fait, les *mlechhas* sont une des castes méprisées de la population.

2. C'est-à-dire qu'avec le thé sont servis des mets plus nombreux et substantiels que la simple tranche de gâteau sec habituelle.

pu penser, ne l'avait pas empêché de se faire une assez nombreuse clientèle de dévots, recrutés en divers pays d'Europe et d'Amérique. Auteur abondant, il se donnait, dans ses livres, l'importance d'un occultiste ayant accès aux plus profonds mystères de l'univers. La manière dont il avait acquis cette connaissance transcendante n'était point divulguée, il laissait vaguement entendre qu'elle était le fruit d'un développement spirituel poursuivi au cours de nombreuses réincarnations dans ce monde et en d'autres mondes supérieurs au nôtre. Les planètes n'avaient point de secret pour lui, il en connaissait la topographie, la flore, la faune et autres particularités, et en discourait avec plus d'assurance que nos savants les plus chevronnés. On lui prêtait des mœurs équivoques; était-ce pure calomnie? Je n'aventurerai aucune opinion à ce sujet. La vie privée de Larsen me laissait totalement indifférente. Ce qui était patent, c'était le mépris, voire même la répugnance qu'il affectait envers les femmes. Ceci n'empêchait pas beaucoup d'entre elles de s'enthousiasmer à son sujet et de rechercher sa direction spirituelle. Il la leur dispensait par l'entremise de livres et de brochures dont certaines demeuraient confidentielles et distribuées à un petit nombre d'élus dont Larsen avait examiné – généralement par correspondance, au moyen d'un questionnaire *ad hoc* – les aptitudes à prendre rang parmi le troupeau des plus béats de ses fidèles. Pour l'édification de ces derniers, leur maître, qui voyageait beaucoup, les rassemblait de temps en temps en différents pays et y donnait, alors, une série de séances de caractère composite : conférence, leçon et culte. Elles étaient écoutées avec recueillement, les mains jointes à la manière orientale : les paumes appliquées l'une contre l'autre, les doigts étendus, et les paroles que l'orateur laissait tomber lentement étaient tenues pour Révélation.

Des précautions variées étaient prises afin de préserver de toute contamination impure les lieux de réunion; non seulement l'atmosphère devait être exempte d'odeurs méphitiques et de vibrations brutales, mais l'ambiance occulte à laquelle est sensible l'*aura* devait être préservée. L'*aura*, expliquait Larsen, consiste en une substance subtile qui enveloppe les corps matériels, en multiplie les dimensions et, avec elles, la zone des perceptions et des sensations.

Évidemment, enseignait Larsen, l'initié connaît la façon de traverser toutes les atmosphères sans contracter de souillures... toutefois... cependant...

Le résultat de ces réticences était que Larsen croyait bon, ou utile du point de vue spectaculaire, de prendre, en certaines occasions, des précautions matérielles pour isoler son *aura*. C'est ainsi qu'à une séance, à laquelle m'avait conduite une de ses disciples, je pus contempler un singulier spectacle.

Cette réunion se tenait la nuit sur le toit-terrasse d'une maison indienne. Il y avait là une quarantaine de personnes tant Indiens qu'Étrangers : Européens et Américains. Par discrétion, n'appartenant pas au cercle des disciples de Larsen, je m'étais modestement assise au dernier rang de l'assistance.

Dans un silence total, à peu près immobiles, les fidèles attendaient. Ils attendaient... attendaient... Cela fut long, très long, puis un gong résonna. Une sorte de frémissement contenu fit légèrement vaciller les corps des assistants assis sur des tapis, les jambes croisées « en lotus » comme on le dit joliment en Orient, et une étrange procession s'avança lentement.

D'abord venaient quatre jeunes gens, marchant par couples, le maître, flanqué de quatre autres jeunes gens, suivait, enfin quatre jeunes gens encore terminaient le cortège.

Larsen portait une soutane blanche toute pareille à celle du pape de Rome, mais presque entièrement dissimulée sous un très ample drap de coton blanc. Posé sur la tête du maître, cette sorte de drap de lit retombait le long de son corps jusqu'à raser les dalles de la terrasse.

Ses douze acolytes – leur nombre avait été fixé pour rappeler celui des douze apôtres de Jésus – étaient également vêtus de blanc et enveloppés chacun dans un grand drap. Bien que celui-ci empêchât d'apercevoir leur vêtement, il devait consister, à en juger par l'ampleur de l'étoffe tombant sur leurs pieds nus, en une robe flottante.

De Larsen et de ses gardes du corps on ne distinguait guère que les mains jointes, les paumes l'une contre l'autre et le bout du nez.

J'appris que cette procession d'éphèbes, en attirail théâtral, constituait un « rempart de pureté » destiné à isoler leur patron de toute émanation impure. Les draps de lit jouaient respectivement le même rôle pour chacun des garçons.

Le maître prit place sur une estrade peu élevée et fit sa leçon tandis que l'on brûlait force encens autour de lui. Rien d'original dans ses propos, il répétait des théories courantes dans l'Inde, y ajoutant quelques commentaires saugrenus de son cru; mais il débitait son discours d'un ton pénétré, les yeux tantôt clos, tantôt levés vers le ciel, en une parodie de ravissement extatique. Les disciples demeuraient sidérés. Je profitai de leur état d'abstraction pour m'esquiver doucement.

C'était ce Larsen qui allait emmener mon hôtesse et ses amies à l'Assemblée des Grands Instructeurs du monde. Je savais qu'il était enjoint à celles-ci de dormir, afin de faciliter le détachement de leur corps astral et de le laisser libre de vagabonder, relié seulement à leur corps matériel par un mince fil. Il importait que ce fil ne se rompît point, car la rupture entraînait la mort du corps matériel. D'innombrables histoires hindoues ont trait à des phénomènes de cet ordre.

Ce qu'il y avait de particulier dans les voyages patronnés par Larsen, c'était que ceux qui les effectuaient ne gardaient aucun souvenir, ni des merveilles qu'ils étaient censés avoir contemplées, ni des personnages éminents avec qui ils étaient entrés en contact. Chose singulière, ils n'en ressentaient, apparemment, point de déception. Ils hochaient la tête d'un air entendu : « On ferme notre mémoire », disaient-ils. Quant à celle de Larsen, elle ne semblait souffrir de nulles restrictions. Tout au contraire, il écrivait avec profusion, décrivant les Assemblées des Grands Instructeurs et la manière dont certains de ses disciples y étaient reçus. Tel jeune homme, son fils spirituel de prédilection, était particulièrement choyé : il le décrivait, assis aux pieds d'un de ces éminents personnages qui le bénissait, lui prenait la main et la gardait entre les siennes... tableau touchant... On racontait que ce privilégié, lui, se rappelait parfaitement ses voyages dans le monde « d'à-côté ».

Obéissant à son magister ou peut-être suggestionné par lui, le garçon confirmait ses dires, mais un jour, le joug lui pesant, il rompit avec la coterie qui tissait autour de lui des histoires de prodiges et répondit à ceux qui le pressaient de s'expliquer : « Moi, je ne sais rien de ces choses ».

Il surpassa de beaucoup Larsen dans une nouvelle carrière de guide spirituel et ses disciples furent, aussi, beaucoup plus nombreux que ceux de son professeur ès théories ésotériques. Il lui était d'ailleurs grandement supérieur en intelligence : la philosophie qu'il prêchait s'inspirait de celles qui sont classiques dans l'inde. Ses disciples ne reçurent jamais de confidences sur les voyages en corps astral qu'on lui avait attribués, et il ne leur proposa jamais de leur en faire effectuer de semblables.

Aux gens à la mémoire courte qui ne se rappellent point les excursions effectuées en corps astral, j'en puis opposer d'autres qui se vantent de posséder une mémoire fidèle. Ceux-là ne sont pas extrêmement rares au Tibet; j'en ai personnellement connu quelques-uns. Ils sont appelés *Deslog*.

Deslog signifie littéralement « revenu de l'au-delà » [1]. Le *Deslog* n'est pas mort, il a seulement accompli, d'une

1. *Deslog* (hdes log) = revenu de l'au-delà.

façon mystérieuse, un voyage tandis que son corps, soit dormait en état de catalepsie, soit était plongé dans le coma. Cette condition peut se prolonger pendant longtemps. On cite le cas de gens qui y sont demeurés pendant plus d'un mois.

En revenant à la vie normale, ces individus – hommes ou femmes – racontent les pérégrinations qu'ils ont effectuées, décrivent les paysages qu'ils ont contemplés et les personnes avec lesquelles ils se sont entretenus. Ils relatent les aventures qui leur sont advenues et les sensations de plaisir ou de terreur qu'ils avaient éprouvées.

En général, les récits faits par les *Deslog* ont trait à des prétendus séjours dans les enfers ou les paradis. La description qu'ils donnent de certaines personnes rencontrées là-bas portent parfois ceux qui les entendent à reconnaître des parents ou des amis et, selon le cas, ils se réjouissent ou s'affligent en apprenant que ceux-ci habitent soit un séjour bienheureux, soit un lieu de souffrance. Dans cette dernière circonstance, l'affection qu'ils portent au défunt les incitera à recourir aux bons offices d'un lama, ou d'un magicien bönpo, selon la religion à laquelle ils appartiennent, afin de les faire procéder aux rites propres à amener la libération de l'individu malheureux [1].

1. On peut rapprocher cette conduite de celle des catholiques, croyant au purgatoire, qui espèrent pouvoir, au moyen de prières et de cérémonies, libérer les âmes de ceux de leurs proches qui y sont détenues. Les descriptions de paradis et d'enfers faites par les *Deslogs* ressemblent à celles qui sont courantes parmi les Tibétains et qui figurent dans les ouvrages populaires du bouddhisme septentrional. Il faut se rappeler que, d'après le bouddhisme, le séjour dans un lieu bienheureux ou dans un lieu pénible est une conséquence des actes bons ou mauvais que le défunt a accomplis. Lorsqu'il aura épuisé les conséquences de ses actes, bons ou mauvais, il mourra dans l'endroit où il s'est placé de lui-même et renaîtra dans un autre milieu. Il est à noter que le bouddhisme originel est strictement philosophique et ne comporte aucune des imaginations du bouddhisme dégénéré professé par les masses populaires. Enfers et paradis sont, pour un bouddhiste éclairé, non pas des lieux matériels, mais des états d'esprit.

Il est facile de comprendre que des individus dont le corps est immobilisé par une cause d'ordre pathologique, mais dont l'esprit reste actif, peuvent, ayant conscience de leur état, se méprendre à son sujet et se croire morts. Dès lors, sous l'influence de leurs croyances religieuses, les images des enfers et des paradis où se rendent les esprits des défunts se présenteront naturellement à eux.

La même observation s'applique aux *Deslogs* qui, au lieu de promenades dans les paradis et les enfers, effectuent le voyage *post mortem* décrit dans le livre intitulé : *Le Bardo tös tol* [1]. Au cours de ce voyage plein de péripéties fantastiques, l'esprit rencontre des dieux, des démons, traverse nombre de lieux d'aspect divers pour se trouver, finalement, en face du Juge des Morts, qui décrète le genre de re-naissance auquel ses œuvres passées l'ont préparé.

Un cas analogue à ces derniers, bien qu'il en diffère en plusieurs points, est celui des *Deslogs* qui se rendent, disent-ils, en des localités bien connues, généralement des lieux de pèlerinage. Évidemment, là aussi, le souvenir de descriptions faites par des pèlerins, réellement allés dans ces endroits, peut influencer l'esprit du dormeur, mais un fait plus troublant est celui des *Deslog* qui mentionnent des changements récents de la morphologie des lieux ou des modifications effectuées sur des édifices, alors qu'il leur a été totalement impossible d'en avoir eu connaissance dans leur état normal.

Il advient encore que le *Deslog* relate, comme pourrait le faire un voyageur ordinaire, ses rencontres occasionnelles, et que l'authenticité de ses dires soit vérifiée. Tantôt le *Deslog* décrit les faits et gestes des gens qu'il a rencontrés et sa description coïncide avec le comportement réel de ces personnes à ce même moment. Il peut se faire que celles-ci n'aient pas vu le *Deslog* et n'aient perçu

1. Concernant *le Bardo tös tol*, voir le chap. décrivant le voyage de l'esprit dans A. David-Neel *Textes tibétains inédits* en traduction française. Éd. de La Colombe. Paris. Éd. allemande à Munich, Otto Barth, éditeur.

aucun signe dénotant sa présence. Mais en d'autres occasions, le *Deslog* est clairement perçu, il se peut qu'il ait parlé et donné à ses interlocuteurs l'impression d'être si matériellement présent qu'ils ne soupçonnent pas avoir eu affaire à une sorte de fantôme. Cependant, ces apparitions sont, en général, d'assez courte durée et se terminent de façon plus ou moins insolite.

Que des apparitions d'individus se produisent à distance, je ne puis le nier, en ayant été plusieurs fois témoin. Lors de ces cas, des gens qui se trouvaient près de moi reconnaissaient dans ceux qu'ils voyaient des personnes avec qui ils étaient en relations habituelles et ne doutaient point qu'elles ne fussent véritablement et matériellement présentes à l'endroit où ils les apercevaient [1].

Toutefois, ces faits appartiennent au domaine des phénomènes psychiques et je n'ai pas à m'en occuper ici.

Par contre, on peut en citer d'autres qui relèvent nettement de l'imposture.

Renchérissant sur les récits des *Voyages extraordinaires* avec lesquels Jules Verne enchanta notre jeunesse, on nous présente des descriptions de mondes souterrains propres à faire périr de dépit tous les spéléologues du monde. L'un de ces derniers a découvert dans le lac d'une caverne qu'il explorait, en France, des animaux que, jusqu'à présent, nous ne connaissions qu'à l'état fossile. Mais qu'est-ce que ce regard jeté parmi la vie des âges primitifs de notre globe en comparaison de la révélation qui nous est faite de l'Agartha, version moderne des Champs Élysées grecs, situé sous le sol du Tibet? A vrai dire, la « révélation » n'est pas inédite, saint Yves d'Alveydre passe pour en avoir été l'inventeur. La nouveauté consiste à nous apprendre que les bienheureux habitants de cette cité souterraine n'ont point besoin de pourvoir à son éclairage car ils sont naturellement lumi-

1. Voir des détails à ce sujet dans *Mystiques et magiciens du Tibet.*

neux, à la façon des vers luisants ou de certains poissons des grands fonds de l'océan. Et nous voyons d'audacieux farceurs, se donnant des noms multiples et bizarres, se présenter au bon public comme issus de cet antre, et ambassadeurs d'une assemblée de surhommes qui y tient ses conseils. Plus curieux encore est qu'il se trouve des naïfs pour croire à leurs discours et ne rien tant souhaiter que d'être admis à contempler ces mystères subterrestres.

Pareille crédulité semble, en effet, inimaginable; pourtant, les nombreuses lettres que je reçois prouvent que la fascination exercée sur les hommes primitifs par les pays chimériques tient encore sous son empire beaucoup de nos contemporains.

Il ne paraît pas que le Mahâ Chohan, Om Cherenzi-Ling Khout Houmi Tashi Hutulku de Chygatzeh (sic) etc., ait jamais invité aucun de ses disciples à visiter l'Agartha, pas même pour une visite en corps astral, tandis qu'ils dormaient, comme le faisait Larsen et il en est généralement de même de tous ces marchands de rêve. Le prétexte qu'ils emploient pour éluder les requêtes de ce genre est des plus simples. « Vous n'êtes point encore spirituellement prêt pour accéder à ce domaine », dit le maître.

Le bien-fondé de cette déclaration est confirmé par de nombreuses histoires. L'une d'elles, publiée voici très longtemps – peut-être plus de cinquante ans, dans une publication théosophique tombée par hasard sous mes yeux – relate la courte aventure d'un homme parti à la recherche des « maîtres » à travers le Sikkim. Dans son récit, le voyageur insistait fortement sur les dangers de son entreprise à travers un pays de coupe-gorge. Toutefois, il ne s'y était aventuré pas bien loin, lorsqu'il vit venir vers lui deux hommes qu'il reconnut immédiatement comme étant des « maîtres » et ceux-ci lui dirent : « N'avance pas plus loin, c'est inutile. Retourne d'où tu viens : tu n'es pas prêt pour demeurer ici. » C'était péremptoire. L'aspirant enquêteur s'en retourna.

Nous pouvons tenir ceci pour un conte inventé à plaisir, ou pour un rêve, mais en voici un autre qui est bien réel.

Je vivais à l'extrémité nord du Sikkim sur une montagne dont les rudes versants opposés descendaient jusqu'au plateau tibétain du district de Khampa Dzong. A moins d'un kilomètre de ma demeure rustique, un anachorète s'abritait dans une caverne grossièrement aménagée pour lui servir de logis.

J'invitai deux dames éprises de doctrines ésotériques et du « mystère des enseignements tibétains » à venir me voir, les informant que je pourrais leur servir d'interprète auprès d'un lama-ermite versé dans les théories mystiques de la secte du « Grand Accomplissement ».

Toutes deux se récusèrent. Ayant consulté les directeurs de la société secrète à laquelle elles appartenaient, ils leur avaient déclaré qu'elles « n'étaient point prêtes » pour entrer en contact avec le Tibet et les mystères tibétains et qu'elles eussent à renoncer à l'idée de s'en approcher car elles ne pouvaient espérer aucun résultat de leur voyage.

Peut-être ces directeurs craignaient-ils que leurs adeptes, en se renseignant directement sur le Tibet et les doctrines qui y sont enseignées, ne découvrent quelques inexactitudes dans la culture ésotérique de la secte.

Il est pourtant de plus intrépides aspirants aux voyages fantastiques.

Il y a moins de deux ans, j'ai reçu plusieurs lettres hollandaises, en quête de renseignements concernant un certain château fortifié situé dans les Himalayas. Je savais qu'une sorte de roman affectant la forme d'un journal de voyage dans les Himalayas venait d'être publié. Son intrigue, fertile en aventures fantastiques, était centrée autour d'un château imaginaire qui n'avait rien ni de fortifié, ni d'historique. Je répondis à mes correspondantes qu'il s'agissait d'un conte dont l'auteur semblait bien n'avoir jamais mis pied dans les régions qu'il décrivait car tous les détails géographiques, ethnographiques et autres qu'il en donnait relevaient de la pure fantaisie.

Je croyais que cette explication suffirait et je ne pensais plus à ce château de la fée Morgane, lorsqu'on m'annonça la visite d'un monsieur au nom scandinave : un homme dans la trentaine, semblait-il, l'air sérieux et de manières distinguées. Il se recommandait d'une des dames hollandaises qui m'avaient écrit. Ma réponse ne l'avait pas satisfait; peut-être, pensait-il, avais-je voulu lui cacher ce que je savais sur le château himalayen, peut-être étais-je obligée au secret sur son sujet. Mon visiteur espérait me convaincre de ne rien lui celer.

En somme, il s'agissait d'un château fréquenté par un petit nombre de privilégiés. Ceux-ci rencontraient Jésus et le Bouddha. Ils pouvaient voir ces deux éminentes personnalités entretenir les relations les plus affectueuses et échanger réciproquement de cordiales poignées de main.

Un certain « maître initié » visitait occasionnellement le château, s'y transportant presque instantanément par des moyens magiques, depuis des endroits situés à des milliers de kilomètres de là, et y apparaissant subitement « sans qu'on l'ait vu arriver ».

« Il ne faut pas considérer les hôtes du château comme une assemblée de « désincarnés » ou d'individus représentés par leur corps astral [1], me déclara mon interlocuteur. Tous ces personnages, y compris Jésus et le Bouddha se comportent comme d'humbles mortels : ils s'assoient à une table couverte d'une superbe nappe et sont servis dans de la vaisselle d'or ou d'argent. Des mets exquis sont apportés en profusion. Tous ceux-ci sont des productions magiques, dues à un procédé intéressant : très loin de là, des fruits rares, des légumes inconnus dans les parages du château, des fleurs tropicales, etc., sont soumis à un

1. Ou le corps glorieux que les élus revêtiront lors du Jugement dernier

procédé de désintégration de la matière dont ils sont formés. Les atomes ainsi disjoints sont projetés à travers l'espace dans la direction du château. Là, par le jeu des affinités, ils se réagrègent et redeviennent les fruits, légumes, fleurs ou objets quelconques qu'ils étaient originellement. » Le gentleman scandinave donna ces détails d'un ton qui dénotait une sincère conviction.

« Comment pourrai-je me rendre à ce château? me demanda mon visiteur. Croyez-vous que l'on m'y reçoive? Je suis décidé à partir pour l'Inde et, de là, à gagner les Himalayas. Vous avez certainement entendu parler de ce château quand vous étiez dans le pays. Vous pourriez me tracer un itinéraire. »

Il en parlait aussi naturellement et avec autant d'assurance que s'il m'avait demandé de lui indiquer les différentes routes menant de Paris à Marseille, et sa foi en l'existence du château et dans les merveilles qu'il abritait était totale.

Un fait pourtant le laissait rêveur : Ce « maître initié » qui, de temps en temps, apparaissait parmi les hôtes du château « s'y transportant miraculeusement d'un endroit éloigné », usait-il, pour lui-même, du procédé qui servait au transport des fruits, etc., figurant sur les tables des banquets? Dissociait-il les éléments composant son individu pour les réagréger ensuite après leur transfert à travers l'espace? Ou bien projetait-il son double, son corps astral? Qu'était donc, véritablement, cet homme que l'on voyait manger au château, s'essuyer la bouche et les mains avec les fines serviettes de linge damassé, s'entretenir avec les visiteurs, parler avec Jésus et le Bouddha? Était-il un corps fantôme dont la réalité matérielle demeurait loin de là? Et, dans cet endroit lointain où il était, ce corps se comportait-il comme son double au château? Ou bien, au contraire, le maître laissait-il derrière lui un corps fantôme[1] se comportant de la

1. On a raconté que le défunt Penchén Lama, prédécesseur du titulaire actuel de ce titre, également décédé, fuyant de Jigatzé pour

manière habituelle aux hommes réels, et l'individu véritable en chair et en os était-il celui que l'on voyait au château? Et qu'en était-il de Jésus et du Bouddha qui avaient quitté notre monde depuis si longtemps?

Le citoyen scandinave tournait et retournait dans son esprit ces problèmes angoissants. Il m'interrogeait : « Quelle était mon opinion? »

Évidemment, je n'en avais pas, mais je comprenais qu'il était inutile de tenter de démontrer à un homme aussi ancré dans sa conviction l'absurdité du voyage qu'il voulait entreprendre.

Aussi étranges que puissent être, parfois, les visées des esprits inquiets que talonne la soif d'aventures supranormales, ceux-ci n'ont jamais manqué de guides s'offrant à les piloter le long des chemins enveloppés de brumes qui mènent aux pays chimériques.

Shri Ananda Saraswati était de ces derniers. Bel homme, brahmine au teint mat, aux yeux noirs et dominateurs, ainsi qu'il convient à un conducteur d'âmes, il laissait entendre en paroles mesurées, prudentes, réticentes et d'une voix comme assourdie par le poids des secrets qu'elle aurait pu transmettre, que son enseignement était unique au monde. Les principes directeurs de doctrine, disait-il, étaient basés sur des données qui remontaient non seulement aux temps antiques ou même préhistoriques, mais à un passé bien plus reculé : celui où la matière primordiale commençait seulement à s'organiser, à se spécialiser, à durcir les éléments fluides ou éthérés contenus en elle...

Il fallait entendre Ananda Saraswati déclamer ces révélations... Il était éloquent, s'exprimait sobrement, dans le plus pur anglais d'Oxford que deux séjours aux États-Unis n'avaient point altéré. Mais que dire de la

échapper à la persécution du Dalaï Lama (le défunt D.L.) avait employé un stratagème semblable, laissant à Jigatzé un double de lui-même qui était vu de tous, tandis que lui-même galopait vers la Chine à travers les solitudes du Tibet septentrional.

façon dont résonnaient les longues citations sanscrites dont il entremêlait ses discours?... La majorité de ses auditeurs ne comprenaient point la langue divine, mais la symphonie prenante dont il régalait leurs oreilles avait sur eux les effets d'un charme qui les retenait enivrés et suspendus à ses lèvres.

Un incrédule railleur me dit un jour de lui : « Il ressemble aux charmeurs de serpents qui opèrent sur les places publiques : au lieu de jouer de la flûte, il psalmodie ses histoires. Je m'attends à voir ses auditeurs se mettre à balancer la tête en cadence comme le font les cobras sortis de leur panier. » Cette cruelle remarque ne manquait pas de vérité.

L'extrême fond de l'enseignement du majestueux Ananda, celui qu'il affectait de ne dispenser qu'à des disciples choisis jugés aptes à le recevoir, consistait à dégrossir, à amenuiser la partie matérielle de notre individu pour la rendre moins résistante aux effets du double subtil, cherchant à se libérer de la captivité dans laquelle il est tenu. Dans la captivité où, disait Ananda, l'avait jeté son attachement aux sensations grossières que l'on ne peut éprouver qu'avec l'aide d'un corps de matière épaisse.

Comment « s'amenuiser »? Il y avait le jeûne. A considérer les formes, suffisamment étoffées, du bel athlète qu'était Shri Ananda Saraswati, il ne semblait pas qu'il pratiquât l'abstinence avec trop d'insistance. Il ne l'imposait pas non plus à ses disciples, il lui suffisait qu'ils fussent végétariens.

Il préconisait des immersions accomplies d'une manière particulière, accompagnées de gestes rituels, de la récitation de certaines formules et d'exercices respiratoires. Il conseillait également la marche en plein air, au crépuscule ou dans la nuit, les yeux levés vers le ciel jusqu'à ce que le promeneur ressente une sensation d'allégement et ait l'impression que ses pieds effleurent à peine le sol [1].

1 Cet exercice est pratiqué au Tibet par ceux qui s'efforcent de provoquer un état particulier qui leur permet d'accomplir des marches

Telles étaient les grandes lignes du programme d'entraînement dressé par Shri Ananda pour l'usage de ses élèves.

Les grandes lignes... oui, mais celles-ci avaient un arrière-plan quelque peu ténébreux. Il y avait les drogues.

Comme beaucoup de ses compatriotes du monde des yoguis, des occultistes et des mystiques, Shri Ananda était un fervent du bhang [2]. Il déclarait qu'en faire un judicieux usage détermine des modifications dans les éléments constitutifs des individus. Ces modifications, disait-il, permettent l'éveil de facultés et de sens latents en eux. Mais, ajoutait Ananda, il faut que ces facultés, ces sens existent réellement dans l'individu, c'est-à-dire qu'il soit parvenu au degré de développement physique, mental et spirituel que comporte leur existence, aussi l'usage du hachich ou celui d'autres préparations analogues ne peut-il être conseillé que par un maître qui a soigneusement étudié la constitution de ceux à qui il s'adresse.

Ananda Saraswati était-il suffisamment docte en cette science pour discerner ceux à qui l'entraînement par le hachich pouvait être salutaire? Je ne m'aventurerai pas à exprimer une opinion à ce sujet. Personnellement, je condamne tout emploi de drogues ou de pratiques physiques en vue d'obtenir des résultats d'ordre spirituel. Par ces moyens, l'on n'arrive qu'à se duper soi-même en prenant des sensations purement matérielles pour les marques d'un haut degré de perfection supra-normale.

prolongées sans ressentir ni la fatigue ni la faim, ni le besoin du sommeil. Voir A. David-Neel, les *loung-gom-pas*, dans *Mystiques et magiciens du Tibet*.

2. Bhang est le nom d'une préparation faite avec les feuilles séchées du chanvre indien. C'est ce que nous appelons, de son nom arabe, hachich. Les graines de la plante sont aussi utilisées. On fume, on mâche le hachich, on en avale des pilules, on en fait une sorte de confiture. Les effets du hachich se rapprochent de ceux de l'opium. De l'avis de ceux qui ont fait usage des deux drogues, le hachich produit des sensations plus délicates que celles obtenues par l'opium.

Donc, Shri Ananda, usant lui-même du hachich, en donnait à quelques-uns de ses disciples. Il semble, sur ce point, avoir agi de manière parfois équivoque, sinon déloyale.

Une de ses – dois-je dire victimes? – me confia ce qui suit :

Le « maître » lui avait fait prendre, un soir, une pilule qu'il disait avoir « magnétisée » et dans laquelle, au moyen d'une concentration d'esprit prolongée, il avait incorporé des énergies puissantes. Le résultat de cette pilule devait, suivant les paroles de Shri Ananda, amener un relâchement des liens retenant le corps astral à son double matériel, et permettre à ce corps subtil, accompagné du principe conscient, de franchir les limites du monde de la matière.

Ananda n'avait point informé son élève qu'il lui donnait du hachich. Peut-être avait-il des raisons de croire que celui-ci aurait refusé de le prendre, peut-être comptait-il sur l'effet de la drogue pour lui donner des rêves qu'il considérait comme représentant des faits réels et que sa confiance dans le pouvoir de son guide spirituel en serait grandement accrue? Je ne sais. J'appris seulement que le « disciple » avait rompu toute relation avec Ananda.

J'ai lieu de croire qu'il droguait ainsi, à leur insu, quelques femmes, ses élèves. D'autres usaient volontairement du hachich.

L'usage de drogues est assez répandu parmi les fidèles des petites sectes ésotériques. Déjà pendant mes premiers séjours dans ces milieux, à la « Gnose suprême », à Londres, à la *Société théosophique* à Paris et ailleurs, j'avais vaguement entendu parler de gens qui se droguaient dans des buts « spirituels » (?). Avec un air mystérieux, une Américaine m'avait montré un étui d'ébène contenant un bâton d'une pâte qu'elle disait être du hachich. Le mot sacré de l'Inde : *Aum* était incrusté en or dans le bois de l'étui, et sa propriétaire mastiquait rituellement des rondelles de la pâte dont le bâton était formé.

Je manque d'expérience personnelle, quant à l'effet des drogues : opium, hachich, belladone, etc., mais, d'après les renseignements que j'ai pu recueillir, il semble que les profanes se trompent beaucoup quant aux résultats qu'ils leur attribuent. Les rêves paradisiaques sont exceptionnels. Les coolies chinois que j'ai observés pendant nombre d'années, courbés sous leurs fardeaux, fument aux étapes afin d'engourdir leur fatigue et de reprendre des forces pour continuer leur route. Des classes sociales supérieures fument pour se procurer une sensation agréable de détente, de légèreté, de demi-ivresse plus subtile que celle dispensée par l'alcool.

Tous les disciples de Shri Ananda ne vivaient pas des aventures merveilleuses après l'absorption de la drogue. Quelques-uns seulement s'en vantaient et, probablement, le hachich n'avait-il fait qu'accroître chez eux la force des désirs qui hantaient leur esprit et prêtaient à ceux-ci la forme d'images. Cet accroissement de l'intensité des pensées est un des résultats généralement reconnu par ceux qui font un usage clairvoyant de ce narcotique. Aussi les ai-je entendu dire qu'il faut éviter de prendre du hachich lorsque l'on est en proie à des préoccupations pénibles, car celui-ci en augmenterait la puissance.

J'ai connu un cas dans lequel l'absorption de hachich avait eu des résultats si curieux et si importants qu'ils méritent d'être rapportés. Le héros de l'histoire est un Européen et elle s'est passée en Europe.

Le jeune homme dont il s'agit était curieux de l'aspect ésotérique des doctrines religieuses et philosophiques de l'Orient. Les parents animés d'un bon sens solidement traditionnel voient généralement d'un mauvais œil leur fils nourrir des « songes creux ». Ceux de l'aspirant mystique-gnostique-occultiste se fâchèrent, et le prièrent de regagner la maison paternelle, d'y demeurer et d'assister son père dans l'administration de ses biens terriens d'une part, et de l'autre, de se comporter en « homme raisonnable » dans le milieu social de haute bourgeoisie auquel appartenait sa famille.

Sans autre dessein que d'expérimenter l'effet du hachich et par pure curiosité, le jeune homme se procura de la drogue par un de ses amis qui en usait.

S'endormit-il et son voyage fut-il un rêve ou, comme on le lui suggéra, son double, son corps astral voyagea-t-il véritablement? Il se vit dans le vestibule de l'habitation de ses parents; au crépuscule, le vestibule et l'escalier s'enveloppaient d'une lumière un peu assombrie. On ne voyait personne. Le voyageur fantôme fut saisi d'une sensation d'oppression affreusement pénible, une angoisse à la fois physique et mentale. Il comprit que s'il pénétrait plus avant dans la maison, il y serait à jamais retenu prisonnier, soumis à une contrainte qu'il ne pourrait éluder, qu'il y deviendrait un robot actionné par les coutumes et les idées identiques à celles qui régissaient le comportement des siens.

L'horreur violente qui s'éleva spontanément en lui à cette perspective l'ébranla si fortement qu'il se réveilla.

Éveillé, la vision du vestibule de sa maison paternelle et le bouleversement qu'il y avait éprouvé lui demeuraient présents. La commotion avait été trop profonde pour permettre de tergiverser. La fuite s'imposait; le même soir, le jeune homme gagnait un port d'où, quelques jours plus tard, il s'embarquait pour l'Orient.

Eut-il tort, eut-il raison de céder à une impression probablement due à un accroissement, produit par la drogue, de l'aversion que lui inspirait le genre de vie auquel on voulait l'assujettir? On ne peut discuter ce point. Le héros de cette histoire n'était point libre de choisir sa voie, l'impulsion à laquelle il avait obéi était irrésistible.

Je puis ajouter qu'il n'eut point à regretter de lui avoir cédé. Toutefois, malgré le bénéfice qu'il en retira, l'expérience qu'il fit du hachich demeura unique : il n'en reprit jamais plus.

Je n'ai pas connaissance que des faits aussi originaux se soient produits parmi les disciples de Shri Ananda. Chez la plupart d'entre eux la drogue n'avait qu'un effet soporifique et, bien que leur très habile maître leur eût fortement recommandé de s'entretenir, au préalable, dans le désir de se libérer momentanément de leur corps de chair, pareils aux élèves de Larsen, ils ne se souvenaient point d'avoir voyagé.

Quant à ceux qui prétendaient garder le souvenir de certaines pérégrinations, ils se partageaient en deux catégories. Les uns, qu'ils en convinssent ou non, avaient simplement rêvé. D'autres se rendaient compte qu'étant étendus ou même, assis, ils ne s'étaient point endormis. Ils étaient conscients de se trouver dans un état singulier : quelque chose qui *était eux* se séparait partiellement d'une autre chose qui, elle aussi, *était leur moi*. Cette partie d'eux-mêmes libérée de l'autre s'aventurait alors au loin, mais l'autre, le corps, demeurait inerte tout en conservant assez de présence d'esprit pour suivre les mouvements de son double et s'y intéresser.

Pendant ce temps, le double, conscient, lui aussi, de sa propre identité, poursuivait sa promenade, l'accompagnant de réflexions concernant les péripéties du déplacement. Dirigeait-il volontairement ces vagabondages? Il semble que cela advint parfois, mais le plus souvent le double obéissait à des impulsions qu'il ne paraissait pas contrôler et était conduit par elles à des endroits où il n'avait pas projeté se rendre et même à des endroits qui lui étaient inconnus.

Est-il besoin de drogues pour produire cet état? Je crois que non. Certaines gens sont capables de le provoquer à volonté, d'autres y entrent spontanément. Ces derniers, sans être endormis, sont saisis par une sorte de demi-anesthésie qui émousse leurs sensations et les immobilise. Ils se rendent compte de l'endroit où ils se trouvent et, en même temps, une autre partie d'eux-mêmes se sent « ailleurs ».

Cette « autre partie », ils la voient, parfois, reliée au

corps, partiellement engourdi, par un filament nébuleux blanchâtre qui s'étire, au fur et à mesure de l'éloignement du double.

Je ne sais si les phénomènes de ce genre sont fréquents et je me garderai d'avancer aucune opinion quant à leur origine. Je me bornerai à dire que j'ai eu connaissance de quelques faits de ce genre.

Dans un des cas, le dédoublement avait suivi une forte concentration de pensée, au sujet d'un endroit précis où la « voyageuse » désirait vivement se rendre. Elle s'était depuis longtemps entraînée à la transmission de pensée et à des exercices analogues. Elle me dit avoir vu l'endroit souhaité et ceux qui s'y trouvaient. Ceci pouvait ressortir de l'autosuggestion, mais, d'après ce qui m'était rapporté, le « double » en voyage avait remarqué, dans cet endroit, la présence d'un individu qu'elle ne pouvait s'attendre à y rencontrer, car il lui était tout à fait inconnu. Le « double » avait également *entendu* la conversation des gens qu'il voyait. « Entendu » n'est d'ailleurs pas le terme exact, précisa celle qui me conta cette aventure singulière. « Ces gens parlaient, et je comprenais ce qu'ils disaient, mais je n'entendais pas le bruit de leurs paroles. »

Quoi qu'il puisse en être, quels qu'aient été les agents à l'œuvre en cette occasion, il fut vérifié que les personnes vues par le « double » s'étaient véritablement trouvées à l'endroit où il les avait vues. Quant à leur conversation, je ne reçus pas de confidences sur ce point, mais il me fut dit qu'elle concernait des intérêts fort importants pour la dame qui l'avait surprise et qu'elle bénéficiait des informations recueillies de cette étrange manière.

Dans un autre cas, le « dédoublement » s'opéra spontanément. Il s'agit encore d'une femme. Mon information est de toute première main. La dame s'entretenait avec deux de ses amis, à Paris. Un engourdissement, du genre de celui que je viens de décrire, la retint pendant plus de deux heures dans son fauteuil. Elle avait parfaitement conscience de la pièce où elle se trouvait (un atelier de peintre transformé en bibliothèque-cabinet de travail) et des deux personnes présentes. Elle vit s'éloigner d'elle son autre « moi » relié à son corps immobile par un mince cordon de brouillard laiteux. Elle ne tenta rien pour diriger les pérégrinations du « double »; elle y assistait en témoin désintéressé, du moins quant à leur but. Le double se rendit dans un pensionnat où la dame avait été élevée, bien des années auparavant et, dans ce pensionnat, c'est dans une salle où les élèves travaillaient leurs études de piano que le « double » s'attarda, bien que l'ex-pensionnaire ne pensât jamais à cette salle. Puis, le double se mit à voyager comme peuvent le faire les fantômes, allant et venant au-dessus des côtes de la Méditerranée. Ces déambulations le menèrent en Algérie où l'héroïne de cette fantastique aventure avait, en effet, son domicile. Elle vit la rue où sa demeure était située, vit la maison, arriva à sa porte qui s'ouvrit, regarda le hall d'entrée, n'entra point et brusquement, avec un choc, revint à son état normal.

La suite des événements confirma la vérité prophétique de cette suite de tableaux : la dame effectua de longs voyages de part et d'autre de la Méditerranée et elle ne rentra plus jamais dans sa maison d'Algérie.

VIII

TANDIS que Shri Ananda Saraswati, de retour d'Amérique, pontifiait aux Indes, un de ses compatriotes, rentrant lui aussi d'Amérique, s'exhibait avec succès en Europe. Il se nommait : Inayat Khan. Je ne l'ai pas connu personnellement, mais j'ai eu pendant longtemps des relations amicales avec plusieurs de ses disciples intimes et, par eux, j'étais exactement informée du genre de « spiritualité » qui prévalait dans leur milieu.

Il n'est pas précisément indiqué de considérer les disciples d'Inayat Khan comme des candidats explorateurs de sphères supra-terrestres. Ils ne témoignaient aucun désir pour ces sortes de voyages et leur « maître » – qu'ils dénommaient leur *murshid* [1] – ne les incitait point à poursuivre de telles fantaisies.

Inayat Khan était un musulman de la secte hétérodoxe des soufis et de la branche à tendance gnostique de cette secte, celle dont les doctrines se rapprochent de la philosophie de l'Advaïta Vedànta indien.

L'existence des soufis remonte très loin au sein de l'islam. Ils sont signalés vers l'an 800; leur origine est vraisemblablement encore plus reculée.

1. *Murshid* est un terme arabe qui désigne un directeur spirituel, celui que les Indiens dénomment *gourou*. On dit aussi *sheykh* ou *pir* (chef). Mes amis peu familiarisés avec la prononciation des mots arabes appelaient Inayat Khan : *Mouchi* ou *Mouché* et, généralement, croyaient que c'était un de ses prénoms.

On a discuté l'étymologie du terme *soufi*. L'opinion la plus probable est qu'il vient de *souf* qui signifie « laine ». Les premiers *soufis* étaient des *derviches*, c'est-à-dire des dévôts subsistant d'aumônes; ils portaient des robes de laine grossière non teinte, d'où leur nom « vêtu de laine ». Par la suite, des étymologies plus flatteuses furent avancées et les *soufis* devinrent : les *purs*, les *élus*.

Ces premiers *soufis*, exclusivement ascètes mendiants, ne semblent pas avoir été de vrais mystiques. Ce qui les incitait à embrasser une vie de détachement et de pénitence, c'était la crainte du jugement de Dieu et la terreur de l'enfer, car leur Dieu était celui que le *Koran* a emprunté aux Hébreux : un Seigneur sévère, dominateur et exigeant. Au cours du temps, des idées d'origine indienne se répandirent parmi les *soufis*. Parmi ceux-ci, certains devinrent des mystiques à la manière des Vaishnavas hindous et des chrétiens catholiques romains; chez eux un amour exalté de Dieu, conçu de façon complètement anthropomorphique, domina, sans toutefois supprimer complètement la terreur de l'enfer. D'autres inclinèrent vers le gnosticisme et, de nos jours, tous les *soufis* lettrés sont plus ou moins gnostiques. Il va sans dire que ces derniers ne songent pas à s'embarquer à la recherche d'« Iles fortunées » terrestres ou extra-terrestres. De même que les panthéistes indiens, ils professent leur unité avec la Divinité. Pour l'avoir proclamé trop ouvertement, l'un des leurs : Husayn Mansour dit al-Hallaj fut mis à mort à Bagdad en 922 de notre ère.

Quant aux mystiques, leurs « voyages » sont purement mentaux. Un célèbre poème, le « Mantiq al-Tayr », par Farid al-Din Attàr, narre le voyage d'un groupe d'oiseaux à la recherche de Simourg (symbolisant la Déité) sous la directive d'une huppe. Le récit pourrait être comparé à celui de *Bunyan's pilgrim* si l'esprit qu'il respire n'était pas complètement différent. Il n'est point question de péché, ou de tentation, dans l'ouvrage du poète *soufi;* les oiseaux pèlerins sont uniquement mus par le désir d'atteindre Dieu pour qui ils éprouvent un amour passionné. En cours de route, ils traversent sept vallées symbolisant les étapes de l'âme dans sa marche vers Dieu : vallées de la recherche, de l'amour, de la connaissance, de l'absence d'attachement, de l'unité parfaite, du dépouillement complet et de l'annihilation.

Les oiseaux formaient une troupe de plusieurs milliers à leur départ. Pour des raisons diverses, fatigue ou perte de foi, les défections ont été nombreuses. Trente oiseaux seulement arrivent devant la Présence divine. L'auteur les décrit dans un état pitoyable : les plumes brûlées, la chair déchirée, le corps misérable. Mais en même temps qu'ils atteignaient leur but, ils se trouvèrent subitement illuminés. Alors, se regardant l'un l'autre, ils virent que chacun d'eux était le « Simourg » qu'ils cherchaient, que chacun d'eux était Dieu. Quelle que fût la direction dans laquelle ils regardaient, ils voyaient la face de Simourg.

Stupéfaits, ils demandèrent l'explication de ce prodige et une voix leur répondit : « La présence divine est un miroir : quiconque entre en lui, se voit lui-même. »

Le terme « Simourg », employé dans ce conte pour désigner la Divinité, signifie en fait : « trente oiseaux ».

D'autres auteurs musulmans ont écrit des contes mystiques affectant la forme d'un récit de voyage. Le célèbre savant et philosophe Avicenne [1] (980-1037) a écrit : « Le vivant fils de celui qui veille » (Hay ibn Yokdham) dans lequel un vieillard symbolisant l'intelligence accompagne un voyageur (l'âme) dans ses pérégrinations.

Ces mystiques peuvent, en toute sincérité, réciter la profession de la foi musulmane : « Il n'y a pas d'autre Dieu que Dieu » [2]. Pour eux Allah est l'*Unique,* non pas au sens vulgaire d'être le seul être divin parmi la masse des non-divins, mais parce que *Lui* seul existe et que les autres sont néant [3].

1. De son nom arabe Ibn Sinà, médecin, philosophe et gnostique, auteur d'une encyclopédie philosophique.
2. Lâ ilâha illa'llah.
3. *Je suis Celui qui suis* dit Javeh, l'Éternel, à Moïse (Exode III, 14)

J'hésite à croire qu'Inayat Khan dispensât à ses disciples cette quintessence de l'enseignement *soufi.* A quelques-uns d'entre eux il distribuait des cahiers qu'ils devaient s'engager à ne communiquer à personne. Le désir éprouvé par certains de prouver qu'ils étaient jugés dignes d'accéder aux doctrines ésotériques, me donna l'occasion d'en prendre connaissance. Les théories exposées étaient les premiers balbutiements de la philosophie indienne.

Inayat Khan, avec le mépris inné de tous les Orientaux pour les facultés intellectuelles des étrangers de l'Occident, jugeait-il inutile d'amener ses élèves plus loin? C'est possible.

On peut, aussi, se demander si Inayat Khan était vraiment un philosophe mystique, ou même un sage lettré.

En fait, Inayat Khan était un artiste, joueur de vinà et chanteur, il était venu en Europe pour y donner des concerts. Des circonstances dont j'ignore les détails l'amenèrent à renoncer à son art pour se transformer en guide spirituel. Il épousa une Américaine (certains la disaient hollandaise) [1] et s'établit avec elle dans les environs de Paris. Quelques-uns de ses disciples se groupèrent autour de lui, les uns dans les petites villas à proximité de la sienne, les autres occupant, temporairement, des chambres dans un bâtiment construit à cet effet, mais il n'y eut jamais là d'*ashram* [2] à l'instar de ceux de l'Inde où des

et une mystique chrétienne nous rapporte que, dans une révélation, Dieu lui a déclaré : « Je suis Celui qui suis et toi tu es celle qui n'est pas. »

1. De ce mariage, Inayat Khan eut trois enfants : deux garçons et une fille qui mourut tragiquement. Pendant la dernière Guerre mondiale, elle s'était engagée dans le Service des renseignements des Alliés. Plusieurs fois parachutée en France pour accomplir des missions, elle finit par être dénoncée aux Allemands qui la fusillèrent.

2 *Ashram,* dans l'Inde, la demeure petite ou grande où un maître vit entouré de ses disciples. Un *ashram* peut consister en une seule habitation ou prendre de vastes proportions. Celui fondé par feu Aurobindo Gosh, à Pondichéry, a actuellement les dimensions d'une petite ville où vivent plusieurs milliers de personnes.

communautés comme il s'en forma autour de quelques *gourous* occidentaux, et où les disciples s'installaient de façon permanente.

Les doutes qu'Inayat Khan avait pu concevoir quant aux aptitudes intellectuelles de ses disciples paraissaient avoir été jusitifés. Parmi ceux-ci, les femmes étaient en majorité. Il en est de même dans toutes les Églises, petites et grandes, en Occident; en suivant un maître indien, elles satisfaisaient leur besoin d'émotion et, tout autant, leur désir de se donner de l'importance, de se distinguer des femmes de leur entourage. Inayat Khan leur donnait des noms baroques, sans doute arabes. J'ai connu une Garmatha, une Beurguerah; il est d'ailleurs fort probable que ces dames écorchaient la prononciation de ces appellations.

Ces noms leur étaient imposés lors de leur « initiation » car chez Inayat Khan, comme dans toutes les petites sectes analogues, il y avait des « initiations ». Le *murshid* conférait aussi des grades.

Au sortir d'un entretien particulier avec lui, une de ses disciples s'en alla trouver une autre : « Il vient de me faire sheykh, lui dit-elle. Qu'est-ce que c'est? Que vais-je avoir à faire? »

D'autres aimables personnes s'intéressaient grandement aux détails d'ordre vestimentaire.

Dans les réunions culturelles de la secte d'Inayat Khan, celui ou celle qui officiait revêtait une ample robe noire qui se prêtait aux gestes spectaculaires que, dans le langage du barreau, l'on appelle des « effets de manches ». Une de ces dames, qualifiée pour présider à ces assemblées dévotes, m'en fit la démonstration en me montrant comment elle donnait, les bras tendus, la bénédiction aux assistants, à la fin du service. Se prenait-elle au sérieux dans ce rôle sacerdotal? J'incline un peu à le croire mais, ce qui est certain, c'est qu'elle jouissait infiniment de ce moment.

Je fus invitée à visiter un temple construit, en Hollande, par des disciples d'Inayat Khan. Le terme « temple » ne doit pas nous induire en erreur : les musulmans n'admettent point d'étalage idolâtrique dans les lieux destinés au culte : leurs mosquées sont sévères, nues et extrêmement majestueuses. Toutefois, le local où je fus introduite n'avait rien d'une mosquée, il ressemblait aux salles de réunion de sociétés savantes ou littéraires jouissant d'une situation financière prospère, et respirait un confort de bon aloi.

De nombreux fauteuils de cuir fauve, à l'usage des assistants, faisaient face à une longue estrade où prenaient place le président et les orateurs. Tout le long de ce podium, des niches avaient été aménagées dans le mur et chacune d'elles abritait un cierge. Tous les cierges étaient d'égale hauteur, sauf celui du milieu qui, par la taille et le volume, était environ le double des autres. « Ces derniers, m'expliqua la présidente du groupe, représentent les différentes religions qui existent dans le monde, tandis que le cierge géant placé au milieu d'eux symbolise la doctrine d'Inayat Khan qui englobe tous les enseignements des différentes Églises et y ajoute une Connaissance et une Sagesse transcendantes. »

Puis, désignant la grande porte par laquelle j'étais entrée :

« Le public arrive par là, me dit la dame; nous, nous entrons par ici. » Son geste indiquait une petite porte située au pied d'un escalier conduisant à l'estrade et communiquant avec le grand jardin de la maison qu'elle habitait avec son mari. Le temple avait, je crois, été construit sur un terrain leur appartenant.

Ce « nous, nous entrons par ici » était prononcé avec une telle onctuosité qu'il semblait qu'un bonbon délicieux fondît dans la jolie bouche de la présidente. Elle se délectait visiblement de l'évocation du tableau que ces quelques mots suscitaient. Elle et son mari, vêtus de leurs robes d'officiants, entrant lentement par la porte réservée, voisine de l'estrade où brûlaient les cierges, et allant prendre leurs places, dominant les assistants entrés, eux, par la vulgaire grande porte ouverte à tous. Sa joie enfantine avait quelque chose de si touchant que je ne me sentais aucune envie de m'en moquer et c'est très gravement que je sortis, par la « petite porte », pour aller à l'autre bout du jardin dîner chez la charmante hôtesse qu'était la présidente du culte ésotérique instauré par Inayat Khan.

En Orient, la vertu essentielle que l'on exige d'un disciple est la patience : elle va de pair avec un respect du maître confinant à l'adoration et une obéissance passive à ses ordres.

Le disciple croit fermement que son maître est capable de le mettre sur la voie qui le conduira vers un but auquel il aspire, but souvent imprécis et qui varie avec la personnalité de l'aspirant voyageur. Il espère que la bienveillance du maître le guidera le long de cette route, mais lui, ne l'importunera jamais de ses requêtes, ne lui demandera pas de l'aider à dépasser l'étape du moment, ni de lui faire franchir les suivantes à une vitesse accélérée. Il pourra, comme certains le font, s'asseoir jour après jour à la porte du maître sans jamais se permettre de lui adresser la parole, attendant que celui-ci juge bon de l'appeler près de lui et de l'instruire.

Une telle patience n'est pas le fait des Occidentaux. Ils veulent qu'on leur enseigne « des exercices ». Lorsqu'un « exercice » a été décrit et expliqué à un disciple occidental et qu'il lui a été recommandé de le répéter quotidiennement, il s'en lasse vite, il en réclame un autre, l'ancien ne l'« amuse » plus.

Évidemment, ce n'est pas là ce qu'il avouera à son maître lorsqu'il sollicitera de lui un nouvel enseignement, il étaiera sa demande de raisons d'un ordre plus élevé. Le maître n'en est pas dupe; mais si pour un motif, souvent intéressé, il tient à conserver le quémandeur dans le cercle de ses fidèles, il acquiescera à son désir.

Inayat Khan prescrivait *dhikr*. Ce mot a à peu près le sens de « souvenir », et met en œuvre le précepte du

Koran qui enjoint de se « souvenir » constamment de Dieu. Chez les Soufis, on emploie, à cet effet, la récitation répétée de certaines phrases telles que « Dieu est grand » (Allah akbar), « Gloire à Allah » (subnân Allah) ou « Il n'y a pas d'autre Dieu que Allah » (lâ ilâha illa'llah). C'est cette dernière déclaration qu'Inayat Khan avait réservée à ses élèves. Naturellement, il la leur avait apprise en arabe, de sorte qu'ils la répétaient sans la comprendre et s'imaginaient avoir eu communication d'une formule magique et secrète, destinée à produire des effets merveilleux. Certains adeptes d'Inayat croyaient que ces résultats miraculeux devaient être précédés de visions lumineuses diversement colorées.

Il fallait non seulement prononcer ces syllabes arabes, mais encore les psalmodier, et quelques fidèles, par excès de zèle, arrivaient à les hurler. Ce faisant, la prononciation se transformait en une série de sons inédits. «*Ah! lala la hou!* » vociférait une dame qui m'avait invitée à assister à son « exercice ». En même temps, elle balançait violemment la tête de droite à gauche, jusqu'à toucher les épaules et au sommet du *hou!* final son menton s'abattait d'un coup sec sur sa poitrine. Elle continuait cet « exercice » jusqu'à épuisement, parfois plusieurs fois par jour et même pendant la nuit.

Or ces séances de *dhikr* n'avaient pas lieu en pays musulman où elles eussent peut-être été comprises malgré la fantaisie personnelle de l'exécutante, elles avaient lieu dans un pays méridional de l'Europe et, circonstance aggravante, dans un immeuble habité par plusieurs locataires respectables. Ceux-ci s'émurent, pensèrent à des crises de folie et alertèrent le concierge qui, à son tour, fit des représentations aux membres de la famille de l'apprentie derviche-hurleur. Les « exercices » durent cesser. La dame ne parut pas s'en désoler outre mesure et leur en substitua de moins bruyants.

Inayat Khan avait aussi repris une pratique bien connue dans le monde des dévots musulmans et dont

Mullah Shah (1584-1661) paraît avoir fait grand usage pour amener ses disciples à des états extatiques. Cette pratique consistait à faire asseoir l'un d'entre eux devant lui et à lui ordonner de le regarder fixement dans les yeux. Maître et disciple demeuraient ainsi plus ou moins longtemps, leurs yeux rivés l'un à l'autre jusqu'à ce que, chez le disciple, survînt la vision de mondes spirituels.

Inayat Khan pratiquait cette sorte d'hypnotisme de la façon suivante : derrière un rideau, un divan et une chaise étaient placés face à face. Sur le premier s'asseyait Inayat Khan, jambes croisées à l'orientale; il était, disaient ses adeptes, plongé dans la plus profonde des méditations, celle que les Indiens dénomment *samàdhi.* Bien entendu, il n'en était rien et le maître, aux aguets, surveillait attentivement l'« exercice » en cours.

Un de ses élèves montait la garde. Son rôle consistait à indiquer aux participants le moment où ils devaient pénétrer derrière le rideau et le moment où ils devaient en sortir.

Un geste de la main désignait l'endroit abrité par les rideaux et le disciple, qui guettait le moment, s'introduisait dans la cachette et s'asseyait en face du maître. Il le regardait fixement dans les yeux, sans bouger. Au bout d'un certain temps, d'ailleurs de durée variable, le maître fermait les yeux, le disciple comprenait alors qu'il devait s'en aller; le surveillant le lui rappelait, par un nouveau geste, mettant la paume de la main à l'extérieur.

Qu'avaient *vu* ceux qui s'étaient prêtés à cette contemplation? Rien, avouaient la plupart d'entre eux, attribuant avec humilité leur échec à l'infériorité de leurs dispositions spirituelles. Pourtant, il me fut raconté que certains prétendaient avoir perçu « quelque chose ». Quoi? Ils ne s'en rendaient pas bien compte. Il s'agissait d'une impression indéfinissable, vague et très fugitive.

Il existe des gens entêtés; elle devait appartenir à la tribu de ces récalcitrants, la personne qui créa un incident au cours d'une de ces séances de contemplation dont je viens de décrire le mécanisme. Inayat Khan venait de fermer les yeux, mais au lieu de se lever et de s'en aller comme elle aurait dû le faire, la dame s'attardait et continuait à le fixer en marmottant des mots indistincts. En vain, la préposée aux entrevues du maître multipliait-elle les gestes de main, paume tournée vers l'extérieur, pour inviter sa condisciple à se retirer. La dame balbutiait de façon plus distincte : « La lumière verte... Elle venait... Pourquoi a-t-il fermé les yeux?... Elle venait, la lumière... verte... verte... »

Les assistants demeurés en dehors des rideaux dressaient l'oreille, la dame s'incrustait. Un léger coup, puis quelques autres plus accentués, sur le dossier de sa chaise n'amenèrent aucun résultat. Il fallut que, doucement mais fermement, un des disciples masculins saisisse l'obstinée par le bras et l'entraîne dans la salle commune, tandis que, rendue véhémente par sa déception, elle criait : « Verte... une lumière verte... elle venait... elle venait... »

Inayat Khan se lassa-t-il de ses fantaisistes disciples occidentaux et de sa vie familiale, obéit-il à d'autres raisons? Il serait difficile de le savoir; mais il quitta l'Europe, seul, et retourna aux Indes où il demeura jusqu'à sa mort.

Inayat Khan n'avait pas le monopole du « truc » pro-hypnotique, la contemplation dans les yeux du maître avait été déjà pratiquée avec succès, il y a trois siècles par Mullah Shah. Dans les temps modernes, nombre de *gourous* orientaux l'ont adopté. C'est ce qu'avait fait Baha Bharati.

Ce Baha Bharati, dont j'ai connu quelques-unes des victimes, avait, pendant un séjour en Amérique, endoctriné plusieurs dames, les incitant à l'accompagner aux Indes dans un *ashram* où, sous sa direction, elles développeraient leurs facultés spirituelles de façon à accéder à des plans d'existence infiniment supérieurs à celui accessible au commun des mortels. Environ une douzaine de femmes crédules s'embarquèrent et payèrent, en plus de leurs frais de voyage, ceux du maître ainsi que des contributions destinées à l'installation matérielle de l'*ashram*.

Dès qu'il eut pris pied sur le sol de l'Inde, le *gourou* s'éclipsa, abandonnant son troupeau. Aucun *ashram* n'attendait les disciples américaines. La plupart d'entre elles se trouvaient sans ressources. Les consulats intervinrent; quelques-unes d'entre elles furent rapatriées, d'autres trouvèrent des emplois de dames de compagnie ou d'institutrices dans des familles de la haute société indienne.

Je rencontrai plusieurs d'entre elles dont l'une, qui possédait une certaine fortune, fit transférer ses fonds et passa environ deux ans aux Indes.

Une autre s'obstina à y rester, bien qu'elle n'eût aucun fonds à faire transférer. Elle était pourvue de grades universitaires et, en Amérique, avait occupé un poste dans l'enseignement. Elle fut employée tour à tour comme institutrice, gouvernante et secrétaire, mais chaque fois pour peu de temps. Les Indiens ont l'humeur changeante et se lassent vite de leurs « protégés ». La vieillesse vint et la malheureuse tomba dans la plus navrante misère.

Mal guérie des « aventures spirituelles » malgré sa fâcheuse expérience faite avec Baha Bharati, elle avait successivement adhéré à la plupart des sectes hindoues, y cherchant en vain le guide capable de la conduire vers les mondes fantasmagoriques dont elle rêvait.

Je l'ai vue, à la fin de sa vie, loger sous un escalier dans une maison indienne où on la gardait par charité.

Frustrée dans sa recherche d'un maître, elle en avait imaginé un invisible qui résidait, elle ne savait pas trop où : dans un endroit inaccessible des Himalayas, ou dans des régions extra-terrestres. Il lui donnait, disait-elle, des enseignements qu'elle percevait en esprit d'une façon mystérieuse [1]. Les facultés mentales de la pauvre femme

1. Les cas de ce genre sont assez nombreux chez les mystiques. On peut les rapprocher du phénomène de l'inspiration. La plupart des gens religieux ne croient-ils pas que Dieu et d'autres personnalités invisibles, les saints, les anges gardiens leur parlent, leur dictent la conduite qu'ils

paraissaient troublées. Finalement, des étrangers s'émurent de sa détresse et la firent hospitaliser. J'appris qu'après un bref séjour elle était morte à l'hôpital où elle avait été transportée.

Les cas analogues sont nombreux. Le leurre des « Iles fortunées » et des régions imaginaires, soit terrestres, soit spirituelles, agit toujours, et toujours des pèlerins se mettent en route vers elles et échouent misérablement sans avoir atteint aucune rive heureuse, faute d'avoir compris qu'il n'est d'« Iles fortunées » qu'en nous-mêmes et que le seul guide sûr c'est nous [1].

Pendant un de mes derniers séjours à Pékin, je reçus la visite d'une femme âgée d'une quarantaine d'années environ, vêtue d'un costume gris de coupe semi-monastique. Elle me dit qu'elle était tchèque et disciple de Lincoln Trebnitz qui, à ce moment-là, vivait à Tien-tsin avec un petit groupe de ses fidèles. Leur communauté se trouvait, me dit-elle, dans le pire dénuement et abritait une Française dangereusement malade. Au nom de ses amis, elle venait solliciter mon secours.

Lincoln Trebnitz était hongrois – du moins, certains l'affirmaient, mais sans en être certains, car on lui connaissait de multiples personnalités.

Plusieurs années avant cette visite, Lincoln Trebnitz, se faisant passer pour un moine bouddhiste, avait si bien endoctriné quelques naïfs habitants du sud de la France que ceux-ci avaient réalisé le peu de biens qu'ils possédaient pour couvrir les frais de leur voyage et du sien jusqu'en Chine. Là, d'après les dires de Trebnitz, ils

doivent tenir, etc. D'autre part, ils croient aussi que Satan lui aussi leur tient des discours perfides propres à leur faire commettre des actes mauvais. Puis, ne faut-il pas ranger dans la même catégorie, ceux qui imaginent qu'il existe une « voix de la conscience », considérant la conscience comme une sorte d'entité indépendante de l'activité physiologique de l'individu, capable de converser avec lui pour lui rappeler un code moral élaboré en dehors de lui par un législateur mythique.

1. « Soyez à vous-même votre propre flambeau et votre propre refuge. » (Précepte du Bouddha dans le *Parinibhâna* sutta).

devaient être reçus dans un monastère dont il était l'un des dignitaires [1].

Evidemment Trebnitz n'était dignitaire d'aucun monastère et ses dupes se trouvèrent sur le pavé. D'une façon ou d'une autre les imprudents émigrants parvinrent à rentrer en France ruinés.

Même histoire encore. Les époux S. étaient, à force d'économies, devenus propriétaires d'un petit bungalow en Californie. Sur le conseil d'un Italien fantaisiste devenu *bhikshu* (moine bouddhiste), ils vendent le bungalow et tout ce qu'il contient et, munis de ces fonds, ils partent pour la Birmanie [2] où le bouddhiste italien les attend. Par ses soins, Mrs. S. sera placée comme institutrice dans une école ouverte aux jeunes filles bouddhistes; Mr. S. deviendra *bhikshu.* Tel est le programme projeté.

Le ménage débarque : personne ne l'attend, l'Italien a quitté le pays, on ne sait où il est. Il n'est pas question de la fondation d'une école. Pas davantage question pour Mr. S. de se faire moine. Il ne peut pas abandonner sa femme sans ressources, d'ailleurs la règle veut que, pour être admis comme *bhikshu,* l'on ait un *dayaka,* c'est-à-dire une personne qui prend l'engagement de pourvoir à la subsistance du religieux et Mr. S., nouveau venu dans le pays, ne pouvait guère espérer y trouver un bienfaiteur qui voulût se charger de lui.

Bref, ayant peu à peu épuisé le petit pécule qu'ils avaient apporté, les époux eurent grand-peine à payer leur passage de retour à bord d'un cargo et finirent par échouer en Californie, complètement ruinés. Je tiens ces détails de Mrs. S. qui me les communiqua après son

1. On le voit, c'est toujours la même fable qui est débitée. Elle l'a été, et toujours avec succès, par nombre d'imposteurs dont la liste serait trop longue pour être donnée ici. Quant à celle de leurs dupes jamais éclairées par les mésaventures de leurs devancières, elle est innombrable.

2. Je crois que mes souvenirs sont exacts et qu'il s'agit bien de la Birmanie où, du reste, le *bhikshu* italien a son port d'attache.

retour en Amérique. Il ne paraît pas que le moine italien ait profité financièrement de cette mystification. On peut être à la fois extravagant et honnête homme. La folie de ce pittoresque Italien lui avait inspiré le projet d'une marche de Jérusalem à Rome, que devaient effectuer dix *bhikshus* « au cœur de lion » (sic), tandis que lui-même marchait, bien entendu, à leur tête. Leur arrivée à Rome devait causer l'écroulement de la papauté. Il y eut un commencement d'exécution, mais très vite les *bhikshus* se lassèrent de ce sport inconfortable – ils devaient subsister sur les aumônes de nourriture recueillies quotidiennement. Un à un, ils désertèrent. Leur chef accomplit seul le voyage qui, dès lors, n'avait plus rien de surprenant. N'ai-je pas été à pied de la Chine à l'Inde, et tant d'explorateurs n'ont-ils point parcouru à pied de vastes étendues!

Depuis, le *bhikshu* italien, décidément animé par la passion des voyages, a parcouru à plusieurs reprises l'Asie et l'Europe, et a réussi à faire quelques disciples dans le sud de la France.

La pauvre femme qui, couchée sous un escalier, s'entretenait avec un invisible et hypothétique maître spirituel, faisait partie d'une nombreuse tribu d'hallucinés qui dans tous les pays, depuis la plus haute Antiquité jusqu'à nos jours, se délectent ou s'épouvantent au cours de secrets colloques avec des interlocuteurs extra-terrestres.

Une mère de famille m'écrivait d'Amérique [1] :

« Il y a environ deux ans, j'ai rencontré un Indien biologiste, gradué d'une université de l'Inde et, par son entremise, j'ai été mise en rapport, par correspondance, avec son *gourou.* Le nom de celui-ci me fut donné comme : Swâmi Shri Chidambar [2].

« Le swâmi me dit que je lui avais appartenu au cours

1. Le texte original en ma possession est en anglais, la traduction est mienne.

2. *Swâmi* est un titre équivalent à « seigneur » que l'on donne aux *sannyâsins* hindous.

d'une vie précédente et notre fréquente correspondance devint très affectueuse. De plus, le swâmi me tenait des discours que j'entendais en esprit et qui duraient, parfois, toute la nuit. Ces contacts fortifiaient mes facultés naturelles de claire audience et ma vie spirituelle de sorte qu'il m'était possible, en tenant les yeux fermés, de voir passer, comme des images cinématographiques, des scènes appartenant à plusieurs douzaines de mes existences passées.

« Au début de l'année 1951, le swâmi cessa de m'écrire. Pendant cette année je vécus dans l'astral, en compagnie mentale de plusieurs personnalités très intelligentes. Je crus reconnaître en celles-ci le swâmi et, aussi, son propre maître décédé depuis très longtemps. Je pensai qu'ils venaient se rendre compte de mes progrès dans la vie spirituelle. Cependant ces visites nocturnes prolongées me privaient de sommeil, je devins très fatiguée et priai mes visiteurs de cesser leurs relations avec moi. Mais ce fut en vain, ils refusaient de me quitter et il me semblait qu'ils s'étaient logés dans mon corps (sic). »

La « possédée » s'adressa à plusieurs occultistes, leur demandant qui étaient les personnalités qui l'obsédaient : elle n'obtint pas de réponse sauf celle d'un de ses correspondants qui lui déclara que celui qu'elle prenait pour le swâmi était un autre individu qui en jouait le rôle.

Enfin, par « ses propres moyens » (la lettre ne donne point d'explication quant à ces moyens), la dame perça ce mystère.

« L'un de mes visiteurs nocturnes est l'évêque James Wedgewood de l'Église catholique libérale [1], décédé quelques mois avant que je reçoive mes obstinés visiteurs. J'étais véritablement amoureuse de son portrait et l'entourais de fortes vagues d'amour et de sympathie. J'avais lu tous ses livres avec admiration et je m'informais de lui auprès de quiconque l'avait connu.

1 Une Église imitant les rites de l'Église catholique et ceux de l'Église anglicane, fondée par Leadbeater de la Société théosophique.

« Wedgewood était un grand disciple du maître Racocy (le comte de Saint-Germain de la hiérarchie occulte). Il établit en Europe, en Australie et dans les États du Sud africain des centres maçonniques, des centres magnétiques occultes et des églises. Conférencier, écrivain et organiste, il était très avancé spirituellement et très clairvoyant, mais pendant plusieurs années, son activité fut paralysée par un abus constant de narcotiques. Cette habitude l'a empêché de gagner, après sa mort, une haute sphère d'existence et le retient attaché à la terre jusqu'à ce que soit dissipé l'effet des drogues sur la partie astrale de son individu.

« Le culte que je rends à son portrait, la lecture de ses livres et, aussi, ma pratique journalière de la religion qu'il a fondée avec l'évêque Leadbeater, ont attiré vers moi son âme souffrante, et voyant que le swâmi et son compagnon m'étaient attachés, il s'est joint à eux.

« La personnalité qui l'accompagne déclare être le comte de Saint-Germain qui veille sur Wedgewood pendant sa convalescence, le gardant pur des avances des swâmis – Wedgewood est extrêmement beau [1] –, Saint-Germain est aussi là pour me maintenir dans mon noviciat jusqu'à ce qu'il consente à m'accepter comme disciple, ce que je désire depuis longtemps. »

Le temps passe et l'obsédée conçoit des doutes sur l'identité de ses visiteurs. Peut-être ces personnages qui s'entretiennent nuitamment avec elle ne sont-ils ni Wedgewood, ni Saint-Germain, mais des envoyés du swâmi et de son *gourou* qu'elle commence à soupçonner : seraient-ils des « magiciens noirs »? Elle imagine que ce swâmi se nourrit de son souffle vital à elle.

« Il m'empêche de dormir, écrit-elle, de crainte de ne pouvoir se repaître de mon souffle si mon double astral sort de mon corps pendant mon sommeil. Ainsi, mes nuits se passent en des luttes terribles. »

1. La lettre paraît insinuer que les intentions des swâmis à l'égard de Wedgewood ont un caractère immoral.

Tous les conseils que je donnai à cette singulière correspondante ne lui servirent à rien. Elle refusa obstinément d'admettre que la fantasmagorie qui la tourmentait était l'œuvre de son imagination, qu'elle devait renoncer à son culte devant les portraits et à entretenir des conversations nocturnes avec des visiteurs amateurs de « souffle vital ». Je lui conseillai de ne pas se laisser impressionner par la magie noire et de lire quelques ouvrages scientifiques où elle pourrait trouver l'explication des phénomènes qu'elle ressentait. Rien n'y fit, elle continua à croire à la présence réelle de ses encombrants visiteurs, tout en souhaitant qu'on les éloignât d'elle.

Autre cas tout récent. Voici ce qui m'est écrit :

« L'année dernière je me suis trouvé en relation avec un homme qui se disait « initié » et affirmait avoir séjourné au Tibet dans un monastère. Il me fit illusion, je lui accordai toute ma confiance, ce dont je devais me repentir.

« Un jour, il me fit cadeau d'un objet qu'il prétendait être « initiatique ». D'après les déclarations de cet homme, il s'agit d'un « Arbre de Vie conçu d'après Confucius ». Cet objet est en bois de figuier sacré, il est orné de figures de dragons sans ailes faits d'un métal ressemblant à du bronze. Le plus grand des dragons porte une corne au milieu du front. Son nom [1] est « Omitofu », fleur de lantonier (sic), il a reçu une double charge bouddhique et lamaïque bénéfique, le côté néfaste ayant été neutralisé. Il a été fabriqué il y a trois ou quatre cents ans et donné à un Hindou, il a eu successivement trois propriétaires, je devais être le quatrième et dernier. »

1. Ici, mon correspondant n'est pas très clair. Est-ce le plus grand des dragons qui s'appelle Omitofu ou bien est-ce l'objet tout entier? Inutile de faire remarquer le caractère grotesque de cet « Arbre de Vie » de Confucius qui s'appelle « Omitofu » (nom chinois d'un Bouddha) et qui a reçu des « charges bouddhiques ». Comment peut-on inventer de telles bourdes et comment se trouve-t-il des gens pour les accepter?

Entraîné par l'homme en qui il avait placé sa confiance, le possesseur de l'« Arbre de Vie » est mis en rapport avec des gens chez qui il n'entend parler que de magie, d'envoûtement et de charmes. Il est informé par des lettres anonymes « qu'il est lié pour la vie à cet " Arbre " et pourra se servir comme d'un esclave du génie qui l'habite ».

Mon correspondant, alors, commence à soupçonner l'escroquerie et à penser que « l'initié » n'avait pu l'être que dans le mauvais sens du terme. Il lui rend « l'Arbre de Vie ».

Mais comme il se produit fréquemment, après s'être débarrassé de ce premier charlatan, mon correspondant ne renonce pourtant pas à sa recherche d'un guide spirituel. Il prend contact avec nombre de Sociétés, de Fraternités, de Sectes Rose-Croix et autres, dispensatrices de doctrines ésotériques. L'une d'elles se porte garant de le faire accéder à l'illumination spirituelle s'il veut suivre son cours d'enseignement : il ne lui en coûtera que 3 600 francs.

L'offre est vraiment trop maladroite. Il convient d'y mettre plus de finesse et c'est ce que font, en général, les grandes « firmes » qui commercialisent l'occultisme [1].

1. Les secrets de cette vie et de ses *au-delà*, les enseignements ésotériques dispensés aux « initiés » des mystiques d'Éleusis, à ceux de l'Égypte, aux pratiques les plus efficaces des Yogas hindous, tout cela vous sera dévoilé dans des ouvrages allant de la mince brochure au livre de 600 pages avec des prix correspondants : de 25 cents à 10 dollars.

Si l'Amérique vient en tête quant à la production de ce genre de littérature, elle n'en a pas tout à fait le monopole. Dans un genre apparenté, je trouve, en français, « Les prières qui guérissent » (750 frs), « Les prières merveilleuses » *guérissant toutes les maladies physiques et morales* (300 frs), les « Invocations » qui *guérissent les maladies* des animaux domestiques (600 frs). Ce qui nous ramène aux formules *abracadabra* de nos anciens sorciers, ou aux *mantrams* de l'Inde, car on nous fait comprendre que ce sont ces prières qui, par elles-mêmes, ont une force efficace et non pas celui à qui elles s'adressent : dans ce dernier cas, les termes de la prière importeraient peu et le résultat obtenu n'en dépendrait pas. Ou bien, il faut comprendre que ces *prières-là* agissent sur celui à qui on les adresse comme une contrainte irrésistible, qui le soumet à une force supérieure à lui; c'est donc, alors, un procédé magique.

Parmi les sectes contactées, mon correspondant mentionnait la Rose-Croix. On en trouve des groupements divers dans la plupart des pays. Les uns sont miteux, d'autres confortablement établis, mais il faut aller en Amérique pour se faire une idée de la somptuosité que peut atteindre ce genre de société.

L'Amérique, pays des proportions gigantesques, est la terre d'élection de toutes les sectes prometteuses de mystères, d'enseignements secrets, de révélations supranormales et de ce frisson particulier qu'engendre l'approche de la peur. Tous les propagandistes, sincères ou charlatans, de doctrines nébuleuses et baroques y sont accueillis avec empressement par des foules crédules, puériles... et facilement généreuses de leurs deniers.

Une preuve de cette générosité s'étale à San José, en Californie, où l'un des groupes de la Rose-Croix a édifié la plus merveilleuse des trappes à gogos que l'on puisse rêver.

Pauvre *sâr* Péladan qui prétendait ressusciter l'ordre antique des Rosicruciens du Temple et du Graal avec des oripeaux de calicot et des locaux minables! Qu'aurait-il dit s'il avait pu contempler le temple pseudo-égyptien de San José, entouré de son parc où de petits sphinx, pareils à des chiens couchés, gardent l'entrée du sanctuaire? Un architecte habile a présidé au plan de celui-ci. Les colonnes de son péristyle sont imposantes malgré leurs dimensions réduites, et la demi-obscurité de l'intérieur est propre à impressionner des gens en quête d'émotions. Pourtant cette imitation des antiques temples prestigieux demeure mesquine : il y a des choses qui ne peuvent être réduites à des dimensions moindres, sans devenir ridicules. Mais le sens critique faisant défaut à la plupart d'entre nous, je comprends très bien l'attraction que peuvent exercer des imitations de temples égyptiens, ornés d'Horus, de Phtah et d'Isis aux physionomies énigmatiques. C'est une attraction semblable, qui émane des cathédrales gothiques enténébrées, celle qui, depuis des siècles, a hypnotisé des foules innombrables, fascinées par le leurre d'« Iles fortunées » extra-terrestres. Quitter ce monde où l'on souffre, émigrer vers des sphères de calme bienheureux, la plupart des humains, consciemment ou non, en nourrissent le désir, et si la porte des paradis artificiels s'ouvre toute proche, pour beaucoup, la tentation est grande de la franchir. C'est ainsi qu'ils rencontrent l'opium, le hachich, le peyotl et autres drogues, les grands temples des grandes religions, les petits temples des petites sectes, l'encens, les sonorités prenantes de l'orgue et les psalmodies anesthésiantes.

Joséphin Péladan s'était intitulé *sâr*. Le chef régnant sur le groupe de San José et ses filiales s'est attribué le titre d'*imperator*. Pourquoi pas, après tout?...

Et l'*imperator* promet aux dignitaires de sa secte des excursions spirituelles auxquelles le *sâr* n'a jamais probablement pensé.

Au 20 août de l'année 1953, l'*imperator* devait conduire ces dignitaires dans la chambre du roi de la grande pyramide de Gizeh, afin d'y tenir une séance de méditation. Il avait fait connaître l'heure précise de cette réunion, afin que chacun des membres de la société puisse, en calculant la différence du temps suivant les fuseaux horaires, s'unir en esprit aux frères méditant dans les profondeurs de la pyramide...

IX

Je me trouvais de nouveau à Adyar, dans la vaste propriété de la Société théosophique, pendant ce merveilleux hiver indien aussi chaud et lumineux que le plus radieux des étés de France. Pour peu que l'on habitât assez loin des Leadbeaters' Chambers, sorte d'hôtel réservé aux pensionnaires établis à Adyar pour de longs séjours, l'on était plongé dans un extraordinaire silence, un silence épais, presque palpable.

Je rencontrais quelques érudits logés, comme moi, dans des pavillons situés à l'écart, au fond du domaine. Il y avait là Otto Shrader qui, par la suite, fut professeur de sanscrit à l'université de Kiel et le Hollandais Van Manen qui devint bibliothécaire de la Société asiatique du Bengale. Cette année-là, le comte Kayserling passa quelque temps à Adyar; il venait le soir causer avec trois ou quatre d'entre nous, sous le banian qui étendait ses branches géantes devant le pavillon Blavatsky où je demeurais.

D'autres visiteurs, moins doctes mais charmants, apparaissaient parfois, tels des oiseaux de passage arrivant de divers coins du monde, s'attardaient pendant quelques jours, ou pendant quelques semaines, dans notre oasis et leurs bavardages variés et bigarrés illustraient de façon intéressante la prodigieuse fertilité de l'esprit humain en matière de contes bleus et de programmes d'aventures spirituelles.

C'est ainsi qu'un jour se posa parmi nous une missionnaire babiste [1]. Une délicieuse missionnaire! Menue sans maigreur, c'était une délicate créature au teint de lys et de rose. Sa tête de poupée de luxe était coiffée d'une sorte de toque-turban de satin noir où, avec un art consommé, une experte modiste avait réussi à placer deux larges marguerites blanches au cœur jaune d'or, qui s'épanouissaient sur les tempes de la dame et encadraient son charmant visage.

La babiste eut un énorme succès. Les hôtes d'Adyar se l'arrachaient. Elle racontait ses longs voyages en Amérique et en Europe, ses prédications...

Je ne trouvais rien de particulièrement neuf ou d'intéressant à ces dernières : elles consistaient en lieux communs ressassés par toutes les religions du monde. Néanmoins, celle qui les énonçait fascinait littéralement mes voisins et mes voisines... et moi, j'étais étrangement, absurdement envoûtée par les marguerites de sa bizarre coiffure.

Le charme se prolongea pendant une cinquantaine de jours à peu près, puis la délicieuse babiste quitta Adyar. Il en était temps pour elle. Quelques jours après son départ une bombe éclata. Comment cette nouvelle était-elle arrivée jusqu'à nous, je l'ignore : mais la missionnaire avait débuté comme écuyère de cirque.

Ce fut un beau tollé! Ceux qui avaient admiré avec le plus grand enthousiasme, s'indignèrent avec le plus de référence contre la créature éhontée qui s'était introduite parmi eux. Les plus viles épithètes lui furent appliqués. Une écuyère de cirque! Pensez donc, quelle horreur!

Je comprenais mal ce déchaînement de colère. Que la dame eût ou non caracolé sur une piste, quel rapport cela avait-il avec la doctrine babiste?

Plus tard, il m'arriva de rencontrer à nouveau la missionnaire à Ceylan. Elle n'arborait plus de marguerites

1. Mîrzà Ali Muhammad dit le Bàb, un Persan, fondateur d'une secte à tendances réformistes : les babistes. Il fut condamné à mort pour hérésie et exécuté à Tauris en 1850 à l'âge de 30 ans.

à sa coiffure, elle avait passablement vieilli mais, semblait-il, continuait ses tournées de prédications. Qui sait? Peut-être n'avait-elle jamais été écuyère, et n'était-elle jamais entrée dans un cirque, même comme spectatrice?

D'aimables fantaisies soulevaient parfois, sur notre océan paisible, de petites vagues drolatiques qui venaient battre les murs de retraites où les hôtes « sérieux » du domaine s'adonnaient à l'étude et à la méditation.

Méditation – ce mot était sur toutes les lèvres. Parce qu'ils séjournaient dans l'Inde, tous les habitants d'Adyar se croyaient des yogins. Tous « méditant » suivant une méthode ou une autre, mélangeant plusieurs méthodes analogues ou mêmes contradictoires; on n'examinait pas les choses d'aussi près : on « méditait », c'était l'essentiel...

Les livres indiens abondent en descriptions d'anachorètes, de yogins ou d'autres sages méditant dans la forêt. N'était-il pas tentant de les imiter? Quels merveilleux horizons devaient se déployer devant les regards spirituels de ces ermites pendant les longues heures passées immobiles, silencieux, les yeux à demi clos, au pied d'un arbre géant!

Telles étaient les perspectives tentatrices qui venaient solliciter l'imagination de quelques gracieuses candidates à des émigrations poétiques peu ardues. Sitôt arrivées à Adyar, leur premier soin fut d'y rechercher le cadre nécessaire à leurs exercices spirituels. Hélas! Si vaste que fût le domaine, il ne comprenait pas de forêt mais seulement un bosquet en bordure de l'océan, à part le vénérable banian de Blavatsky garden, les grands arbres étaient rares et clairsemés.

Cependant, la partie essentielle du décor dans lequel ces dames brûlaient d'impatience de s'introduire était « le pied d'un arbre », elles comptaient bien trouver plus, l'ombre et la solitude. Or, si Adyar était silencieux, il n'était nullement désert : les boys au service des hôtes, les employés et la domesticité des divers départements de la

Société, logés à Adyar, parcouraient tout le jour les allées du domaine, en vaquant à leurs occupations. Quant à l'ombre, le puissant soleil des tropiques s'en riait; il en était d'elle comme de la solitude, il n'en existait que pendant la nuit.

Nos dames décidèrent donc de méditer nuitamment au pied de n'importe quel baliveau à leur portée. Cependant, à Adyar, les ténèbres nocturnes excédaient grandement l'obscurité régnant sous les grands arbres du paysage rêvé, elles étaient opaques et à peu près totales. Les dames hésitaient sur le seuil de leur logis, comment se diriger? Sans se l'avouer, elles avaient un peu peur. Pourquoi ne pas se munir de lanternes?

Un Européen est mal préparé à rencontrer face à face la faune exubérante des pays tropicaux. Libérées, la nuit venue, de la contrainte que la présence de l'homme-ennemi leur impose le jour, des milliers de créatures animales s'ébattent alors à cœur joie, à la recherche de leur nourriture et de leurs amours ou s'agitant pour le seul plaisir de voler, de ramper, de courir, de chanter, de siffler, de bourdonner et de se sentir vivre. Cette palpitation nocturne est bien gênante pour l'apprenti contemplatif, incapable de comprendre ce que disent les mille voix qui clament autour de lui l'unique Vérité.

Mes voisines ne connaissent probablement pas l'aventure survenue à Satyakâma alors qu'il gardait les troupeaux de son maître dans la forêt et que tous les êtres et toutes les choses de la nature se mirent à lui parler et à l'instruire [1].

Il y avait des serpents à Adyar, des petits et des grands, d'inoffensifs et de dangereux. Il n'était point rare d'y rencontrer un cobra [2] facilement irritable, gonflant son cou et dressant sa tête plate marquée du signe de Çiva. Sa

1. Voir la note, chapitre VI, p. 126.
2. Le serpent que nous dénommons aussi naja ou serpent à lunettes. Il atteint plusieurs mètres de long et sa piqûre est particulièrement dangereuse.

piqûre, c'était la mort immédiate, sans remède possible dans cet endroit éloigné de tout secours médical. Et le beau cobra n'était pas, à Adyar, le seul risque mortel que l'on risquait de trouver sur son chemin. Cependant, nul d'entre nous ne redoutait ces commensaux dangereux. Nous nous laissions mutuellement en paix; Adyar était une oasis pacifique.

Les lanternes balancées par les nocturnes promeneuses, les incursions de leurs pas, hors des allées, parmi le fouillis des herbes, dérangeaient les habitudes de la gent animale et son mécontentement se manifestait par une activité insolite dans les feuilles sèches : une sorte de lanière souple effleura le pied de l'une d'elles qui poussa un cri de détresse : « Un serpent!... » De proche en proche, la demi-douzaine des apprenties yogins lui firent écho; puis le bruit d'une galopade affolée s'éleva dans le silence du parc endormi. Les lumières dansantes des lanternes secouées par les fugitives strièrent la nuit pendant quelques instants encore, puis bruit et clarté s'éteignirent, absorbés par la sérénité envahissante de la nuit.

Les boys couchés sous la véranda, devant les portes de leurs patrons, riaient en silence.

Les boys d'Adyar, comme partout ailleurs dans l'Inde, constituaient un intéressant arrière-plan de la vie des Blancs, leurs maîtres, qu'ils épiaient et jugeaient sans indulgence.

« Les *sahibs* [1] nous méprisent et nous le savons; nous méprisons les *sahibs*, mais eux ils ne le savent pas. »

Quelques « natives » s'enhardissent parfois jusqu'à publier tout haut cette vérité; la majorité la méditait en silence et en découvrit les conséquences pratiques : les Blancs ont été chassés de l'Asie.

Cependant dans ce milieu de sympathique bouffonnerie germait un drame. Inspirée par la lecture des *Oupanis-*

1. *Sahib* = seigneur. Cette appellation était donnée par les Indiens à tous les individus de race blanche.

hads ou obéissant par d'autres motifs, une jeune Suédoise songeait à renouveler l'enquête de Nachikéta et à aller interroger la Mort sur le Mystère suprême.

« Vajasrava, le père de Nachikéta ayant offert le sacrifice visshvajit [1], Nachikéta lui demande : " Et moi, père, à qui vas-tu me donner? " Le père fut ennuyé par cette question et ne répondit pas, son fils la lui renouvela une seconde puis une troisième fois. A cette troisième fois, Vajasrava, exaspéré, répondit : " Je te donne à la Mort " [2]. »

Voici donc Nachikéta chez Yama (le dieu personnifiant la Mort). Mais Yama est absent, il ne revient qu'après trois jours et s'excuse, auprès de Nachikéta, de l'avoir laissé attendre à sa porte sans avoir rempli à son égard les devoirs de l'hospitalité. En guise de réparation, il lui offre de satisfaire trois de ses désirs. Nachikéta les exprime : Retourner chez son père, sans risquer d'encourir sa colère.

Connaître les rites qui permettent, après la mort, de prendre place dans les demeures des dieux.

Ces deux souhaits seront réalisés, promet Yama. Nachikéta est libre d'en formuler un troisième. C'est celui-là seul qui lui tient vraiment à cœur.

« Il y a un problème, dit-il. Certains disent qu'après la mort de l'homme, existe [3] une âme, d'autres disent qu'il

1 C'était un sacrifice rarement offert, dans lequel on donnait tout ce que l'on possédait. Vajasrava avait pour but de renaître parmi les Dieux

2. Ayant prononcé ces mots dans un accès de colère, le père les regrette, mais son fils lui remontre qu'on ne doit point manquer à sa parole et qu'il doit être donné à la Mort. De quelle manière? Le texte dit seulement que le père l'envoya à la Mort, c'est-à-dire qu'il le lui offrit en sacrifice. Nous comprenons, par là, qu'au moment où fut rédigée la *Katha Oupanishad* d'où ce récit est tiré, des sacrifices humains avaient lieu dans l'Inde. – Il en a été ainsi chez tous les peuples. Le fait qu'Abraham ne s'étonne pas quand Javeh lui demande d'immoler son fils Isaac, montre que des sacrifices de ce genre avaient lieu chez les Hébreux comme chez leurs voisins. Il est probable que la *Katha Oupanishad* est postérieure au bouddhisme.

3 Sankarâcharya, le grand philosophe indien, commentant sur ce texte, indique qu'il s'agit d'une entité qui existerait indépendamment de la forme corporelle, des sens, de l'esprit, des facultés intellectuelles.

n'en existe pas. Recevoir ton enseignement sur ce point, voilà le troisième de mes vœux. »

Yama lui répond. « Depuis de très longs temps les dieux eux-mêmes se sont posés cette question, car elle est de nature subtile, et difficile à comprendre. Tiens-moi quitte de satisfaire ton vœu à ce sujet; choisis une autre faveur. »

Nachikéta réplique : « Tu dis, ô Mort, que les dieux eux-mêmes se sont posés cette question et qu'elle est difficile à comprendre. Nul mieux que toi ne peut y répondre. Aucun bienfait ne peut égaler pour moi la valeur de cette réponse. »

Yama dit alors : « Demande-moi des fils, des petits-fils qui vivront cent ans, demande des troupeaux de bétail, des chevaux, des éléphants, d'immenses domaines où tu pourras vivre aussi longtemps que tu le désireras. Demande-moi les célestes nymphes que les hommes ne peuvent obtenir; qu'elles soient tes servantes, mais ne me demande pas quel est l'état de l'âme après la mort. »

Et Nachikéta de répliquer : « Toutes ces choses sont transitoires, toi, ô Mort, tu es la fin de tout. Éclaire-moi au sujet de la question suprême, Nachikéta ne te demande point d'autre faveur que celle concernant l'âme dont la connaissance est cachée. »

Yama est forcé de tenir sa promesse et dans un très long discours il démontre à l'obstiné que l'âme au sujet de laquelle il l'interroge n'existe pas et que seul « *est* » l'Être en Soi des doctrines panthéistes.

« Et Nachikéta ayant obtenu de Yama la communication de la Connaissance qu'il recherchait, fut, dès lors, sans passions et immortel. »

Mademoiselle S... était venue me voir deux ou trois fois désirant savoir quelle interprétation je pourrais donner à l'ouvrage indien qu'elle lisait, mais je l'ai déjà dit, le domaine d'Adyar était très vaste, les habitations dispersées et à part les pensionnaires des Leadbearters' Cham bers nous nous fréquentions peu. C'est ainsi que je ne fus pas informée tout de suite de l'épisode dramatique imaginé par Mademoiselle S...

Mademoiselle S... avait tout simplement résolu de se laisser mourir de faim. Vêtue de blanc, elle s'était étendue sur son lit et y restait immobile.

Avec une unanimité surprenante pour tout autre pays que l'Inde, les hôtes indiens d'Adyar admiraient cet acheminement solitaire vers la mort. Respectueux et recueillis, ils rendaient visite à la jeûneuse inerte et déposaient des fleurs sur sa couche comme on le fait sur les autels des Dieux.

Cependant, il se trouvait alors, à Adyar, une Française, artiste-peintre. Elle s'absentait de temps en temps pendant quelques jours et allait dresser son chevalet dans les villages voisins. Au retour d'une de ses excursions, elle apprit ce qui se passait et accourut m'en informer.

« C'est de la folie », me dit-elle, avec son bon sens français que les divagations de ses commensaux n'avaient pu entamer. « On ne peut pas la laisser se suicider. »

Je fus, évidemment, de son avis, et je le renforçai en déclarant que la police se mêlerait de l'affaire et que, faute d'avoir appelé un médecin en temps voulu, les dirigeants d'Adyar pourraient avoir à rendre compte à la justice.

Ceux-ci ne paraissaient pas partager ce point de vue, pourtant ils se décidèrent à câbler à Mrs. Besant, qui se trouvait en Angleterre, pour lui demander son avis. Mrs. Besant était une forte personnalité, elle ne « déraisonnait » que quand elle jugeait « raisonnable » de le faire, pour des motifs connus d'elle seule. Elle répondit immédiatement en s'adressant à Mademoiselle S... « Jeûner est mal, il faut manger [1] ». Fort de cet ordre, on alimenta progressivement la candidate à l'entrevue avec Yama, elle se laissa faire et revint à son état normal.

Mrs. Besant qui, comme je viens de le dire, savait

1. « Fasting is wrong, you must eat. »

mesurer les degrés d'excentricité qu'elle pouvait permettre à ses disciples, avait jugé que Mademoiselle S... dépassait la limite; elle l'invita gentiment à quitter Adyar et à retourner dans sa nordique patrie.

On prête au très pondéré K'ong fou tseu, que les Occidentaux nomment Confucius, la déclaration suivante : « Il est difficile de ne faire que des choses raisonnables [1].» Qu'aurait pensé ce sage aux pieds solidement ancrés sur la terre, de la procession de sympathiques et déraisonnables illuminés qui viennent de défiler dans ces pages? – qu'aurait-il pensé d'Aurobindo Gosh, que, beaucoup de ses compatriotes tiennent pour le plus grand philosophe moderne de l'Inde?

Shri Aurobindo, ainsi qu'il est couramment nommé, était un Indien très occidentalisé, il avait fait ses études à l'université d'Oxford. On le disait fort en grec et en latin, il connaissait plusieurs langues européennes dont le français que je l'ai entendu parler avec une grande pureté d'expression. Il avait une connaissance approfondie du sanscrit et, d'autre part, était très érudit en ce qui concerne les diverses philosophies, l'histoire du monde, et il joignait à une vaste culture classique des notions étendues sur les réalisations scientifiques modernes.

Shri Aurobindo avait été un ardent patriote. Son opposition active au gouvernement anglais lui avait valu une peine de prison. Au cours de son internement, une révolution spirituelle s'opéra en lui, le détournant des préoccupations patriotiques et politiques. Comme la plu-

1. Dans le préambule au *Ta-hio* (la « Grande Étude ») où sont exposés les principes de l'enseignement de K'ong fou tseu, il nous est déclaré que « la méthode rationnelle est celle par laquelle on parvient à la perfection ». Ensuite au chapitre I, de 1 à 4, nous lisons : « Le roi Tching-Thang avait sans cesse les regards fixés sur le don brillant de l'intelligence que nous recevons du ciel » ce qui, en phraséologie confucéiste, signifie : « don inné en nous ». Puis : « Yao put développer et faire briller dans tout son éclat le principe sublime de l'intelligence. Ces exemples indiquent que l'on doit cultiver sa nature rationnelle. » (Yao est l'un des antiques souverains légendaires, quasi mythologiques, de la Chine. Il est considéré comme le type de l'homme parfait).

part des Indiens, Aurobindo Gosh portait en lui des dispositions latentes qui l'inclinaient vers l'élaboration de théories métaphysiques et la vie mystique. Après sa libération, il se réfugia à Pondichéry – alors territoire français – et, dans les années qui suivirent, il y fonda un *ashram* qui, peu à peu, groupa autour de lui des milliers de disciples et prit les proportions d'une véritable ville. Une large part de cette réussite revient à sa collaboratrice dévouée Mme Alfassa, une Levantine de culture française d'une vive intelligence, et douée d'un remarquable talent d'organisatrice.

Aurobindo Gosh est décédé à Pondichéry le 5 décembre 1950, à l'âge de soixante-dix-huit ans.

Un exposé de l'enseignement philosphique d'Aurobindo Gosh déborderait le cadre du présent livre, mais ce qui se rapporte à notre sujet ce sont ses idées sur la mort, qui ont été, ensuite, commentées et développées par ses disciples.

Ces idées nous ramènent à Nachikéta [1] dialoguant avec la Mort. Toutefois il existe une différence notable entre Nachikéta et Aurobindo Gosh. D'après le récit de la *Katha Oupanishad,* Nachikéta est offert par son père en sacrifice à la Mort et transféré ainsi dans le royaume de Yama. Il a accepté d'y descendre mais il n'en a pas délibérément pris le chemin pour rencontrer Yama. Avec Shri [2] Aurobindo, les choses se seraient passées différemment : il aurait *voulu* mourir parce qu'il croyait avoir à se mesurer, dans l'*au-delà,* avec un pouvoir mystérieux qu'il devait dompter.

Voyons les textes : « Ce n'est pas avec le monde des Dieux que j'ai affaire », écrivait, en 1936, Shri Aurobindo. « Je voudrais que cela fût. C'est plutôt avec le bout opposé des choses : c'est dans l'abîme que je dois plonger afin de bâtir un pont entre les deux [3]. Mais cela est

1. Voir pages 181-182.
2. *Shri :* une sorte d'équivalent indien du terme *Sir* chez les Anglais et honorifique comme lui.
3. « Entre les deux ». Faut-il comprendre un pont entre le monde divin et l'abîme? – A quoi correspond l'abîme n'est point expliqué.

indispensable pour mon œuvre et je dois l'affronter. »

Puis, cette autre déclaration datée de 1935 :

« Ce n'est point en vue de ma grandeur personnelle que je cherche à faire descendre la supramentalité [1]. Je ne me soucie ni de grandeur, ni de petitesse au sens humain de ces termes. Si la raison humaine me tient pour un fou, pour avoir tenté ce que Krishna [2] lui-même n'a pas essayé, je ne m'en soucie pas. Il n'est point question de n'importe qui d'autre, c'est une question entre le Divin et moi-même. Que cela soit d'après la volonté divine [3] ou non; que je sois ou non envoyé pour opérer cette descente ou pour lui ouvrir la voie ou, tout au moins, pour la lui rendre possible; que tous les hommes me tournent en dérision si cela leur plaît ou que l'Enfer tombe sur moi, s'il le veut, à cause de ma présomption. J'irai de l'avant jusqu'à ce que je vainque ou que je périsse. »

Tout ceci manque de clarté et les nombreux commentaires des disciples du philosophe ne nous apportent guère de lumière concernant le but ultime poursuivi par leur maître.

L'un de ceux-ci écrit :

« Nous avons là un splendide exemple d'héroïque altruisme; celui d'un yogin prêt à affronter n'importe quel risque pour atteindre son but et, bien que cette attitude soit exprimée par la formule : « *Je vaincrai ou je périrai* », on peut comprendre qu'elle pourrait s'exprimer par cette autre formule encore plus audacieuse : « Je péris pour vaincre ».

1. Le « supramental » qui tient la place principale dans la philosophie de Aurobindo Gosh n'est pas clairement défini, pas plus que la conception d'une « descente ».

2. Krishna considéré comme un avatar du dieu Vichnou est le grand héros des épopées indiennes.

3. L'on doit éviter de se méprendre quant au sens que peut avoir ici l'expression « volonté divine » ou le terme : le Divin qui revient fréquemment dans les ouvrages d'Aurobindo Gosh et de ses disciples. Il semble que Shri Aurobindo ne croyait pas en un Dieu conçu de façon anthropomorphique comme celui de la Bible. De même que la plupart des lettrés indiens, Shri Aurobindo était imprégné des théories panthéistes de l'*Advaita Védanta*, mais il y adjoignait une forte part d'éléments empruntés aux doctrines mystiques des Écoles tantriques.

« La signification de cette dernière formule serait dans un corps à corps final avec les pouvoirs ténébreux de l'Inconscient (majuscule dans le texte) ces pouvoirs auraient été effroyablement épuisés et, avec une force inouïe, la divinité aurait été attirée d'en haut vers la terre... »

« Dès lors, Shri Aurobindo serait prêt à modifier complètement son programme de bataille et, au lieu de « supermentaliser » son existence physique, il s'avancerait, imperturbable, vers une embuscade titanique, rejetant la sauvegarde du supramental, et sombrerait en combattant pour tout vaincre en secret. »

Les médecins ont prosaïquement déclaré que la mort d'Aurobindo Gosh était due à une maladie rénale et une crise fatale d'urémie, mais ses disciples n'admettent pas ce diagnostic. D'après eux, la mort de leur maître n'a pas de raisons physiques, elle a été « un effroyable pari accepté librement qui comportait, en cas de perte, la destruction du plus merveilleux élément corporel, forgé par la manifestation de l'esprit, qui ait jamais existé. »

Je peux ajouter à ce qui précède l'extrait suivant d'une longue lettre qui m'a été tout récemment adressée par le plus important des disciples d'Aurobindo Gosh, un Français : M. P.B. Saint-Hilaire [1], au sujet du « retrait [2] » de Shri Aurobindo.

« La Mère (c'est Mme Alfassa, la collaboratrice du défunt) n'a pas exprimé publiquement son opinion sur les raisons du départ de Shri Aurobindo... En tout état de cause, il s'agit là d'un sujet trop occulte pour qu'il puisse être débattu publiquement ou livré aux calculs d'un mental qui ne sait rien voir au-delà de lui-même ou qui " théorise ", et ramène les vérités d'expérience au niveau

1. Décédé.
2. *Retrait*, chez les disciples d'Aurobindo Gosh, est un euphémisme pour le mot *mort*. Les sectateurs de la Christian Science disent : « passer hors de vue ».

des explications courantes simplistes – comme c'est le cas pour la réincarnation.

« Ce que l'on peut dire, c'est que Shri Aurobindo continue d'être présent dans la conscience terrestre sous une forme subtile ainsi qu'en font foi les expériences de nombreux disciples. »

Au lendemain (le 7 décembre 1950) du « retrait » de Shri Aurobindo, la mère écrivait :

« Seigneur, Tu nous as donné l'assurance, ce matin, que Tu resterais avec nous jusqu'à ce que Ton œuvre soit achevée, non pas seulement comme une conscience qui guide et illumine, mais aussi comme une présence active et agissante. En termes clairs et précis, Tu m'as promis que tout de Toi resterait ici et ne quitterait pas l'atmosphère de la terre jusqu'à ce que la terre soit transformée. »

M. Saint Hilaire continue :

« Nous percevons la Présence de Shri Aurobindo en nous et autour de nous, avec une force aussi vive et même plus grande que de son vivant; et nous sentons aussi que cette Présence s'identifie complètement à celle de la Mère. Peu à peu, s'est confirmée cette certitude que notre Maître ne nous a pas quittés. Les vraies raisons de son retrait du corps physique sont sans doute profondes et n'apparaîtront clairement qu'avec le temps. »

CONCLUSION

Je terminerai ici ce défilé de faits étranges et de personnalités bizarres que j'ai côtoyés tout au long de mes routes d'Orient et d'Occident; il aurait pu être plus étendu, et peut-être le compléterai-je un jour ou l'autre [1].

Il y a, aussi voilés ou déformés qu'ils puissent l'être, des germes de spiritualité et de sagesse aisément décelables, chez ces amateurs d'« exercices » extravagants. Aussi, tout en nous gardant d'une crédulité simpliste ne devons-nous rien nier à priori. Il y a un seuil au-delà duquel s'étend l'inconnu; on ne doit le franchir qu'en tenant à la main la torche de la raison et en gardant l'esprit constamment en alerte.

C'est ici que prennent tout leur sens les mots d'*Hamlet :* « Il y a plus de choses dans le Ciel et sur la Terre que n'en imaginent nos philosophies. »

1. Alexandra David-Neel ne pourra réaliser ce projet... elle est morte à Digne, le 8 septembre 1969, âgée de cent un ans.

LA COMPOSITION, L'IMPRESSION ET LE BROCHAGE DE CE LIVRE
ONT ÉTÉ EFFECTUÉS PAR LA SOCIÉTÉ NOUVELLE FIRMIN-DIDOT
MESNIL - SUR - L'ESTRÉE
POUR LE COMPTE DES PRESSES POCKET
ACHEVÉ D'IMPRIMER LE 2 NOVEMBRE 1983

Presses Pocket
8 rue Garancière
75006 Paris
tél. 329 12 80

Imprimé en France
Dépôt légal : novembre 1983
N° d'édition : 2024 – N° d'impression : 0123

ALEXANDRA DAVID-NÉEL

LE LAMA AUX CINQ SAGESSES

Assis sur un monticule près de notre camp, tandis que nos hommes préparent le repas du soir, le Lama Yongden et moi, nous causons.

– Nous montrerons le vrai Tibet, des Tibétains et des Tibétaines authentiques, des événements réels, mais nous combinerons notre histoire de telle sorte que bien que tout y soit véridique, aucun des personnages ne pourra se reconnaître et ce sera un *roman,* le premier roman qui ait jamais été écrit par un lama tibétain, à la gloire de son Haut Pays des Neiges, pour le monde du lointain Occident. Ainsi, fut projeté, parmi les solitudes enchantées du Tibet, le livre qui paraît aujourd'hui.

Alexandra David-Néel.

ALEXANDRA DAVID-NÉEL

LA PUISSANCE DU NÉANT

Presses Pocket

Munpa, disciple et serviteur d'un saint ermite, trouve son maître assassiné. Tout à son chagrin et à sa juste colère, l'inconscient se lance sur les pas du meurtrier... sans savoir où chercher. Son enquête aux mille rebondissements le conduira du Tibet en Chine, de la prison au monastère, de la bastonnade au lit d'une aubergiste. Munpa subira bien des déceptions mais la sagesse est peut-être au bout du voyage.

Un roman policier tibétain. Un détective inattendu, pétri de superstition et de logique, de naïveté et de roublardise, d'irrationalité et de sens pratique. De multiples coups de théâtre que n'aurait pas désavoués Agatha Christie. Mais aussi un livre tout empreint de philosophie orientale et plus précisément tibétaine, riche d'enseignement pour un esprit curieux. Après *Le Lama aux cinq sagesses* et *Magie d'amour et magie noire, La Puissance du néant* est le troisième volet du triptyque romanesque consacré par Alexandra David-Néel, en collaboration avec son fils adoptif, le lama Yongden, au pays qu'elle aimait tant. Un roman à lire d'un trait pour ses aventures, à relire pour le méditer.